54
METATEMAS

METATEMAS*

Libros para pensar la ciencia
Colección dirigida por Jorge Wagensberg

Al cuidado del equipo científico del Área de Ciencia
y Medio Ambiente de la Obra Social de "la Caixa".

* Alef, símbolo de los números transfinitos de Cantor

Jorge Wagensberg

IDEAS PARA LA IMAGINACIÓN IMPURA
53 reflexiones en su propia sustancia

1.ª edición: septiembre de 1998
2.ª edición: enero de 1999
3.ª edición: enero de 2006

© Jorge Wagensberg, 1998

Diseño de la colección: BM
Reservados todos los derechos de esta edición para
Tusquets Editores, S.A. - Cesare Cantù, 8 - 08023 Barcelona
www.tusquets-editores.es
ISBN: 84-8310-595-0
Depósito legal: B. 598-2006
Impreso sobre papel Goxua de Papelera del Leizarán, S.A. - Guipúzcoa
Impresión y encuadernación: GRAFOS, S.A. Arte sobre papel
Sector C, Calle D, n.º 36, Zona Franca - 08040 Barcelona
Impreso en España

Índice

P. 11 Prólogo

I. Sobre lo verdadero y lo falso

15   1. ¿Qué es la ciencia?
18   2. ¿Qué es una ley de la naturaleza?
21   3. La Gran Teoría Final
24   4. Sobre la conveniencia de, al menos, un poco de caos
28   5. Dos cuentos que son iguales, pero que no son el mismo
32   6. ¡Sancho!
36   7. El azogue del rey

II. Sobre lo bueno y lo malo

41   8. *Crocuta crocuta*
44   9. El herrero, el biólogo y la ética científica
49   10. Réquiem por *Billy*
55   11. Suspiro de primate
58   12. Dios mío, ¿qué hemos hecho?
62   13. El método científico como idea para la convivencia
67   14. Primero conocer, luego todo lo demás
75   15. Dios, ciencia y democracia

III. Sobre conocer y dar a conocer

83   16. Ciencia, arte y revelación

94	17. Sobre el progreso del conocimiento
96	18. Aprender a comprender en un museo de la ciencia
108	19. Aprender de los que aprenden
113	20. Sobre el acto creador
115	21. Sobre la transmisión de conocimiento científico y otras pedagogías

IV. Sobre lo simple y lo complejo

131	22. Sobre la extrema pequeñez de la realidad
135	23. Breve historia universal de la materia
138	24. Del quark a Murray Gell-Mann
141	25. Salvados por la enormidad
144	26. El Todo y sus (propias) Partes
146	27. Sobre la idea de progreso
150	28. Sobre la idea de información
152	29. La vida es una novela
155	30. Sobre el alma de las medusas

V. Sobre el tiempo

161	31. El tiempo de siempre
163	32. Tarde calurosa del Oligoceno con brisa racheada meciendo dulcemente una exuberante botánica resinosa
165	33. La primera broma de la historia
168	34. Las edades de la materia
171	35. La conmovedora historia del manatí huérfano *Tamaury* y de su noble antepasado *Matum*
174	36. Sobre la tragedia del *Guadalupe* y *La Tolosa*
178	37. Breve historia de una moneda de oro Comparada con la historia del navío que la llevaba, vista desde la cueva de un pez, como si éste tuviera el juicio de un historiador de los viajes que unieron dos mundos
184	38. La condición humana

VI. Sobre la emoción

- 189 39. Sobre la pereza intrínseca de la materia
- 193 40. Breve teoría de la emoción
- 196 41. La percepción de lo improbable
o La dulce armonía del oro suavemente tostado
- 198 42. Sobre lo común y lo diverso
- 207 43. La vitrina
- 220 44. Sobre cuándo celebrar, de una vez por todas, la Nochevieja del bimilenario

VII. Sobre el hacer y deshacer en ciencia

- 225 45. El doctorado
- 229 46. Beethoven *versus* Newton
- 232 47. El discreto humor de los científicos
- 236 48. Taínos: el principio del fin
- 239 49. La profesión y el vicio que va por dentro
- 243 50. El caso Sokal
- 245 51. Algunas razones para no rechazar el Nobel
- 247 52. Breve elogio de la química
- 250 53. El misterio de la pieza «Jorge Caridad»
o La trágica historia de un momento, hace treinta millones de años, en la vecindad de un hormiguero policálico

Apéndice

- 277 Lista ponderada de conceptos para la imaginación impura

A la mezcla,
al roce,
a la colisión,
a la intersección,
al cruce,
en fin, a la imaginación impura.

Y a Helena Sara.

Prólogo

Lago de Graugés, domingo 4 de enero de 1998. Ante mí, la selección de textos que he preparado para este libro. Los miro para tomar impulso y escribir el prólogo. Y, con sólo mirarlos, evoco muchos episodios de estos diez últimos años. Son ideas sobre el conocimiento, sobre la creación y la transmisión de conocimiento. Toda idea tiene que ver con algo del quehacer diario: una persona, un lugar, un momento, una situación, un matiz, una emoción... Lástima que esto último no vaya a aparecer en el libro. Bien, es el tipo de cosas que, al final, quedan siempre para uno y que, en principio, no interesan a nadie más. ¿O sí? Rectifico... Rectifico solemnemente. La emergencia de una idea y su maduración o enfriamiento ¿no deben interesar? Este libro no está aún para prólogos. Falta la letra cursiva.

Lago de Graugés, domingo 11 de enero de 1998. Lo he encontrado: un contexto como pretexto a cada texto. Ha sido como abrir un grifo y dejar que fluya el agua. He mirado los escritos uno por uno y he añadido lo que de su entorno me acudía espontáneamente al espíritu. Las agendas de estos años han servido para acabar de pulir detalles. Soy, espero que en el buen sentido, un científico de museo. Como cualquier científico, investigo; y como cualquier museólogo, busco estímulos. Nos alimentamos de ciertas dosis de cambio: o nos movemos nosotros en un entorno inmóvil (viajar, buscar...) o nos detenemos frente a un entorno cambiante (observar, experimentar...). Durante este ejercicio, el cientí-

fico de museo tropieza con convergencias imprevisibles. Una idea de aquí choca con otra de allá... y se diría que esto fecunda aquello. Y se fabrica otra idea. Cuando tal cosa ocurre, una rara emoción empuja a escribir. La columna de El País, *por ejemplo, es un reto permanente a expresar toda nueva duda o toda nueva convicción y a demostrar que es posible hacerlo en la distancia de los tres mil espacios. La* Revista de Física *o* La Recherche *o* Mundo Científico *cumplen idéntica misión en otros idiomas. La* Vanguardia *invita a invadir otros territorios. Y publicaciones más especializadas como* Public Understanding of Science, Alliage, Sustratum, Quark, ECSITE Newsletters *o* Modern Trends in Thermodynamics *incitan a provocar la duda y a intentar convencer. Aquí está el resultado. Son cincuenta y tres reflexiones en su propio jugo.*

Lago de Graugés, domingo 18 de enero de 1998.

I
Sobre lo verdadero y lo falso

1
Sobre lo verdadero y lo falso

1
¿Qué es la ciencia?

Lunes 20 de enero de 1997. Un equipo del Museu de la Ciència atraviesa el desierto del Antiatlas en Marruecos con destino a unos yacimientos de grabados rupestres. Nuestros guías son, como otras veces en la zona, Andreu Solé y María José Ruiz de Eloizaga. Somos, se diría, los únicos habitantes de un paisaje infinito. Andreu me adivina el pensamiento y me cuenta una experiencia vivida por él allí mismo unas semanas antes. Cuando termina, pienso que también yo me hubiera comido a besos al protagonista de la historia. Después de todo, yo hago ciencia del mismo modo, dejándome llevar por la brisa del momento. Se me ocurre entonces una manera de definir la ciencia en un folio. Así lo hago y poco después aparece en el diario El País. *Nunca he recibido tantas cartas de lectores preguntando por lo mismo (uno me urgió, vía correo electrónico, a una respuesta en honor a su salud mental, otro incluso me interceptó por la calle): ¿habían comprendido realmente lo que significaba el final de la columna? Todos lo creían comprender, todos habían comprendido, pero todos necesitaban la recompensa de una confirmación. No hay mejor estímulo para el conocimiento que un resto de duda sobre la comprensión absoluta...*

El conocimiento es una representación (necesariamente finita) de un pedazo de la realidad (presuntamente infinita). La ciencia es conocimiento elaborado con el método científico. Y método científico es cualquier método que respete tres principios: el de *objetividad*, el de *inteligibilidad* y el *dialéctico*. Se es objetivo cuando, ante varias formas de observar un objeto, se opta por aquella que menos afecta a la observación. Se es inteligible cuando la representación es, en algún sentido, más compacta que lo representado. Y se es dialéctico cuando el conocimiento se arriesga a ser derribado por la experiencia. El conocimiento es científico cuando tiene voluntad de serlo, es decir, cuando logra la máxima objetividad, inteligibilidad y dialéctica... por exiguos que sean tales máximos. Según esto, tan científico puede ser un mecánico de carambolas de billar como un mecánico cuántico. Según esto, un psicólogo no tiene por qué ser menos científico que un físico... (otra cosa es que renuncie explícitamente a serlo). De la misma manera, nada hay en contra de que la política, una forma de conocimiento dedicada a organizar la convivencia, se construya con método científico... (otra cosa es que apenas se haya intentado).

La aplicación del método es la parte más previsible, y por lo tanto más planificable, del oficio. Se pueden programar consultas a la naturaleza (experimentos) para descubrir paradojas turbadoras, para medir cómo la realidad se digna encajar en una inteligibilidad o para ensayar diferentes vías de objetividad. Ceder en el método, en honor de cualquier otro beneficio más o menos confesable, es un indicio de flojera científica.

Pero resulta que el método se aplica siempre a una idea. Y no hay un método para cazar ideas. O, lo que es lo mismo, todo vale con las ideas: la analogía, el plagio, la inspiración, el secuestro, el contraste, la contradicción, la especulación, el sueño, el absurdo... Un plan para la adquisición de ideas sólo es bueno si nos tienta continuamente a abandonarlo, si nos invita a desviarnos de él, a olfatear a derecha e izquierda, a alejarnos, a girar en redondo, a divagar, a dejarnos llevar por la contingencia... El célebre rigor científico no se refiere a la obtención de ideas sino al tratamiento de éstas. Aferrarse con rigor a un plan de búsqueda de ideas es una anestesia para la intuición.

(La carretera cruza el paisaje de horizonte a horizonte. En el centro del infinito un hombre mira cómo se acerca un automóvil. El conductor, deslumbrado por el sol de poniente, se pregunta por la estampa que se acerca sin moverse. Cuando por fin coinciden, la figura hace un leve gesto hacia el oeste. El viajero se conmueve, pero continúa su camino y susurra dos o tres veces «yo nunca me detengo para recoger desconocidos». La figura, ahora nítida en el espejo retrovisor, se encoge rápidamente hasta esfumarse entre las piedras del desierto. Y entonces el conductor gira en redondo y se lanza a toda velocidad en sentido contrario. La silueta resurge entonces de la nada y se dilata con su larga sombra. Ya se distingue la capucha puntiaguda bajo la que alguien intenta mirar a contraluz. De repente, la figura cruza la carretera con cuatro pasos muy decididos y, justo cuando el automóvil llega a su altura, lo vuelve a hacer. Vuelve a hacer el mismo gesto breve ¡pero ahora hacia el este! El viajero detiene el coche, tarda una centésima de segundo en comprender y tiene que reprimirse para no abrazarla.)

2
¿Qué es una ley de la naturaleza?

La sala de mecánica del Museu de la Ciència de la Fundació «la Caixa» en Barcelona recibe al visitante con un pareado de Pope:

> Nature and Nature's laws lay hid in the night
> God said, let Newton be! and all was light!

Muchos pensadores citan este epitafio como una muestra de la euforia determinista que, en tiempos de Newton, pretendía pulverizar el azar a golpe de ecuación diferencial. En la misma sala funciona, por si acaso, un péndulo caótico. Sin embargo estos versos, y no está mal para ser sólo dos, dan mucho más de sí.

> La Naturaleza y sus leyes dormían en la oscuridad.
> Y dijo Dios ¡Hágase Newton! Y todo fue claridad.

El ripio que Alexander Pope escribió a modo de epitafio alude, quizá sin pretenderlo, a una honda cuestión de la filosofía natural. Porque... ¿qué es una ley de la naturaleza? ¿Mero conocimiento elaborado por la mente humana o una propiedad íntima de las cosas y sucesos de este mundo? (Algo, no menos turbador, puede enunciarse de la ausencia de ley: ¿es el Azar un producto de nuestra ignorancia o un derecho intrínseco de la naturaleza?) Se diría, por un lado, que las leyes de la naturaleza existen sin necesidad de que alguien las conozca. La célebre manzana no fue el primer objeto que cayó según la ley de Newton. Y los planetas se mueven ¡según esta mismísima ley! mucho antes de que la primera inteligencia se asomara a este universo. Pero, por otro lado, se diría que las leyes no son más que modelos imaginados ¿Cómo si no pudo Einstein proponer luego otra teoría de la gravitación mejor? La cuestión parece fácil: una cosa es la ley y otra el conocimiento de la misma. Según esto, la ley que duerme en la oscuridad existe, es una, permanente y propia de la naturaleza. Es el modo de despertarla, es decir, su representación mental lo que cambiaría. Pero ¿por qué habría de existir una ley de naturaleza? ¿Sólo porque a veces tenemos la ilusión tenaz de conocerla más o menos provisional y parcialmente?

¡Diversas verdades científicas caducables como garantes de la existencia de una verdad natural absoluta! ¿Es eso serio? Conocer una ley y constatar que el mundo es compatible con ella no es suficiente para asignarle rango de ley de la naturaleza. «Las pulgas no se vuelven sordas en el momento de perder su sexta pata» (proposición de ley de la naturaleza) sólo porque justo entonces dejan de obedecer las órdenes de su domador (sólido resultado experimental). Las grandes teorías, leyes, modelos y modelillos de la ciencia pueden demostrarse falsos, pero jamás verdaderos (en contraste con las creencias e ideologías que se asumen verdaderas y cuya falsedad nunca puede demostrarse). Las leyes del conocimiento científico simplemente funcionan hasta que dejan de funcionar. Por lo menos en eso las leyes de la ciencia se parecen a las leyes de la ética o del derecho. Hay, sin embargo, una diferencia radical.

En ciencia, una teoría no se sustituye por otra como quien derruye un puente obsoleto de troncos podridos para construir en su lugar una maravilla de la ingeniería del acero. Más bien se parece a las sucesivas visiones que tenemos de un paisaje cuando escalamos una montaña. Al ganar altura se consiguen nuevas y más amplias panorámicas, y, sobre todo, insospechadas conexiones entre las vistas de menor cota (la manzana y el planeta obedecen la misma ley). Pero un punto de vista no elimina los anteriores (Newton *versus* Einstein), que siguen en su sitio para el gozo local aunque, después de la esforzada ascensión, se nos antojen partes menores de un esquema más global. De esta hermosa metáfora, creo que de Einstein, conviene exprimir una gota más. El paisaje es la ley natural y la vista desde la cima su representación final. El conocimiento es una montaña sin cumbre reconocible a la que, sin embargo, nos acercamos tanto como queramos. Y la posibilidad de aproximación indefinida a algo sugiere, con fuerza irresistible, que ese algo existe. Ésa es la Ley de la Naturaleza. Es una idea parecida a la idea de Perfección: la perfección existe (porque es imaginable), pero no es perfecta (porque es inalcanzable).

3
La Gran Teoría Final

Martes, 28 de mayo de 1996. Sala de actos del Museu de la Ciència. Steven Weinberg ha cautivado a la audiencia. Después, durante la cena, hablamos de Einstein, siempre presente en la sala, de Glashow, que ya ha venido, de Gell-Mann, que debe venir, de la teoría de las supercuerdas, de la Gran Teoría Final... y de la Alhambra.

«El Sol da una vuelta completa a la galaxia en el tiempo que la Tierra tarda en dar 250 millones de vueltas en torno al Sol, mientras que la Luna necesita 27 días y medio para girar alrededor de la Tierra, en cuya atmósfera una gota de agua cae hasta estrellarse sobre el césped donde un balón avanza a golpe de puntapié.» Todos esos movimientos, en escenarios tan distintos y distantes, se describen con un mismo puñado de leyes. De ahí la grandeza de la Mecánica: infinitos casos y situaciones responden a dos o tres fórmulas breves, compactas... y elegantes. Eso es reduccionismo, pero reduccionismo del bueno, reduccionismo por oficio, el reduccionismo de la inteligibilidad científica. En tal reduccionismo creemos cuando confiamos en un vuelo transoceánico o en un medicamento.

«Una civilización milenaria, una persona centenaria, una oveja veinteañera, una medusa pentamesina y una bacteria decaminutina son entes que pasan por esta vida mostrando comportamientos poco comparables entre sí, francamente.» Sin embargo, la esencia de sus tácticas singulares y estrategias se explica según leyes muy generales y sencillas, a saber y por ejemplo, «comer y no ser comido». De ahí nuestra comprensión por el nacionalismo crónico, por el cazador hipocondríaco, por el susto permanente del ganado, por la transparencia como idea de despiste en el mar o por la versatilidad metabólica de ciertos microorganismos. En ciencia, comprender es clasificar, reducir, comprimir. La compresión es comprensión. Lo que ya no se puede comprimir, como las propias leyes, es también lo que ya no se puede comprender.

Comprender una ley de la naturaleza significa entonces comprimir dicha ley dentro de otra más fundamental. A veces se consigue. Einstein murió soñando con la unificación de las fuerzas fundamentales de la naturaleza. Y Weinberg, Salam y Glashow lograron poco después, y ante la emoción de la comunidad científica, comprimir dos de ellas, la fuerza *débil* y la *electromagnética,* en una sola. La pregunta ahora es: ¿reducir las reducciones es también reduccionismo del bueno? ¿Es una clase de investigación que el científico deba intentar también por oficio? Sean todas las leyes conocidas de la naturaleza y supongamos que no descansamos mientras queden dos leyes por comprender, es decir, mientras quede una ley por empotrar dentro de otra. Si tenemos éxito en esta gloriosa empresa, llegaremos a una cierta gran teoría final, ésa sí ya necesariamente incomprensible. He aquí la cuestión: creer o no creer en una Gran Teoría Final (¿por qué me suena esta expresión?).

Pensadores de probada solvencia pero tan dispares como el físico Steven Weinberg o el teólogo santo Tomás de Aquino tienden, efectivamente, a creer. Otros, en cambio, preferirían no hacerlo. Un ladrillo no puede unirse de cualquier manera a otro ladrillo. Vale. Pero intentar comprender la Alhambra por el procedimiento de mirar atentamente un ladrillo no parece un proyecto sensato. «Comer y no ser comido» acaso sea una buena ley para cualquier forma de vida basada en el consumo de la propia materia viva. Pero su fuerza semitautológica sería probablemente la misma en otro universo en el que las cuatro fuerzas fundamentales fueran, digamos, seis. A lo mejor la complejidad tiene sus propias leyes, leyes que hablan de *información* y de combinaciones, leyes que no pueden reducirse a otras leyes que sólo hablan de *materia* y *energía*. Hacer ciencia es proponer reducciones a la naturaleza. Otra cosa, claro, es que la naturaleza se deje.

4
Sobre la conveniencia de, al menos, un poco de caos

Bruselas, viernes 14 de noviembre de 1997. Homenaje a Ilya Prigogine por el veinte aniversario de su Premio Nobel. Prigogine ofrece una copa en su domicilio a los conferenciantes extranjeros. Un científico ruso pide la atención de los asistentes y, con la ayuda de un joven miembro de la embajada que traduce al francés, enumera las virtudes que deben adornar al destinatario de una hermosa piedra verde que aún sostiene en su mano izquierda, pero que pronto va a regalar al homenajeado: tenacidad, sabiduría, paciencia, rigor..., modestia (!) En ese momento me sorprendo a mí mismo volviendo la vista hacia la enorme pintura que preside la entrada principal de la vivienda y que representa un no menos enorme rostro: el del maestro. Al bajar la mirada tropiezo con la mirada divertida de un conocido matemático hindú. Me lleva una ligera ventaja porque acaba de mirar cómo yo miro el cuadro. Sellada la complicidad, ambos devolvemos la vista al centro de la escena donde el homenajeador continúa con su discurso: ... penetración, cultura, flexibilidad, riesgo, amistad, sinceridad... Pero allí chocamos violentamente con la mirada impasible del homenajeado, que, claro está, no se ha perdido detalle del doble lance y nos lleva ventaja a los dos. Después de los aplausos, Prigogine agradece el regalo, pero rechaza explícitamente la virtud de la modestia. Instantes más tarde, rotas ya las filas del brindis, me encuentro en un rincón con el matemático y conversamos largamente. A lo largo del diálogo descubrimos y acordamos que, en realidad, nadie antes de Prigogine, ni siquiera Lorentz, había hablado del caos y de su universalidad. Mal que les pese a sus críticos, existe una genuina línea pionera de pensamiento científico: Newton, Boltzmann, Schrödinger, Prigogine...

Pocos artefactos pueden inventarse que sean más previsibles que un péndulo. Nada hay más deliciosamente aburrido que un comportamiento de tipo pendular: derecha, izquierda, derecha, izquierda..., uno, dos, uno, dos... La imposición de una realidad preescrita hace que el cerebro humano baje la guardia respecto de uno de sus ejercicios predilectos: predecir. Valorar los datos disponibles y predecir. Es en el pleno sopor de lo ya predicho cuando el cerebro se relaja hasta vaciarse, buen momento, por lo demás, para ser rellenado prontamente desde el exterior; buen momento, en fin, para que su actividad sea cortocircuitada o conducida gentilmente. El uso del péndulo por parte de los hipnotizadores debe ser algo más que un chiste; la relación universal entre la disciplina militar y la instrucción del derecha-izquierda tampoco es una casualidad; ni lo debe ser la liturgia, no menos universal, de repeticiones continuas de corto periodo de tantas oraciones de tantísimas confesiones... Durante mucho tiempo, desde su esplendoroso despegue newtoniano, el sueño de la ciencia fue, poco más o menos, reducir la realidad del mundo a la predictibilidad de un péndulo simple. Es el célebre mito de Laplace: dadme las leyes de la naturaleza (ecuaciones matemáticas deterministas) y las condiciones iniciales (o de un instante cualquiera) del universo y reconstruiré su película completa (todo su pasado y todo su futuro). El mundo, en algunos aspectos, responde efectivamente a esta visión. Es la predictibilidad de las carambolas en el billar, la de los eclipses de sol o, afortunadamente, por qué no decirlo, la de un viaje transoceánico en vuelo regular. Pero lo más característico de este tipo de fenómenos no es sólo su predictibilidad sino su estabilidad o, si se prefiere, su poca sensibilidad respecto de sus condiciones iniciales. Dicho en pocas palabras, su futuro no cambia dramáticamente por el hecho de que se hayan alterado las condiciones de algún instante de su pasado. O, con un poco más de rigor, si la perturbación presente no excede de cierto tamaño, entonces existe otro tamaño del que no excede la desviación futura. En esta visión del mundo las cosas pueden cambiar, pero cambian previsiblemente, es decir, los cambios también están escritos en alguna parte y, por lo tanto, no son en verdad tales cambios. Es un mundo rutinario sin innovaciones genuinas, un mundo en el que no caben cuestiones como las siguientes: ¿cómo pudo surgir, hace cuatro mil millones de años, y de una insulsa sopa de aminoácidos, algo tan extraordinario como una célula viva? ¿Qué raro proceso de pactos entre células individuales se inició hace 600 millones de años para llegar a dar lugar a cosas tan dispares como una hormiga, una medusa, una gaviota o una ciudad como Barcelona? ¿Cómo puede colapsarse todo lo que representan cuarenta años de hegemonía soviética en sólo unos pocos meses?

En resumen, ¿por qué existe algo en lugar de nada? Partículas elementales, galaxias, estrellas, planetas, bacterias, cerebros... Si la naturaleza estuviera regida por leyes insensibles a sus condiciones iniciales, si el cambio fuera siempre una tibia homotecia de otro cambio, jamás se hubiera llegado a escribir la *Novena* de Beethoven. Muchos fenómenos del mundo acaso sean como el péndulo descrito, pero el mundo no puede ser así. Solución: el mundo no es así. ¡Ni siquiera el péndulo!

En efecto, consideremos de nuevo el péndulo simple: una delgada varilla rígida, un peso en uno de sus extremos y la posibilidad de girar alrededor del otro. Cuando lo abandonamos a su suerte y le dejamos oscilar en torno de su mínima energía potencial, el comportamiento es el descrito más arriba: estabilidad, rutina, tedio, intrascendencia de las condiciones iniciales... Pero resulta que el mismo péndulo, sometido a la misma ley determinista, puede, en otras condiciones, exhibir un comportamiento muy distinto. Para ello basta considerar el entorno de otra posición, no la mínima de la vertical que pasa por el punto de suspensión (que es de equilibrio estable), sino la máxima de tal vertical que es de equilibrio, pero inestable. El péndulo es el mismo y la ley es la misma, pero ahora la fluctuación más pequeña de las condiciones iniciales arrastrará el péndulo de manera irremediable e impredecible hacia uno de los lados: el sistema es hipersensible a las condiciones iniciales, las condiciones iniciales tienen una trascendencia dramática en el futuro del sistema, pasan de ser anónimas a protagonistas. El mérito del equilibrista profesional está en este tipo de posiciones; el cerebro en este caso no se duerme sino que se ejercita, se emociona y se sobrecoge. Por eso pagamos para entrar en un circo. Pero un péndulo en posición inestable no es todavía un péndulo caótico. Añadiendo cierta sofisticación mecánica o cierta complejidad en los campos exteriores (campos magnéticos, por ejemplo), aparecen comportamientos cuyo manejo y contemplación están muy lejos de dormir al observador. Si algo se produce en este supuesto es, en todo caso, la hilaridad. Por mucho que nos esforcemos en empezar igual, el movimiento será caprichosamente distinto, por muchas apuestas que hagamos, el péndulo nos llevará la contraria. A ningún hipnotizador, o lavador profesional de cerebros, se le ocurriría utilizar un péndulo caótico. Ésta es, precisamente, la característica fundamental de los procesos caóticos:

El futuro de un sistema depende fuertemente de sus condiciones iniciales.

No es extraño que lo que se considera como el primer trabajo en teoría del caos se publicara en una revista de meteorología (E.N. Lorenz en 1963 en *el Journal of Atmospherical Science*). Unas gotas de caos en la vida de uno. No hay nada mejor para ablandar el dogma.

5
Dos cuentos que son iguales, pero que no son el mismo

Estados Unidos, partido de la selección española de fútbol durante el mundial de 1994. No me había ocurrido desde los tiempos en los que jugaba a ajedrez. Cuando la partida había sido larga e intensa, por la noche tenía pesadillas: si ganaba, soñaba que volvía a jugar la partida y... perdía; si perdía, soñaba que volvía a jugar la partida y... ganaba. Despertar era siempre un pequeño disgusto: en el primer caso por haber soñado, en el segundo por haber dejado de soñar. Aquel partido de fútbol, que había visto por televisión, también fue de gran intensidad. Y por la noche soñé con varias versiones distintas de uno de sus lances, sin duda el más trascendente, porque significó la eliminación de la selección. Escribí un artículo que apareció en el diario La Vanguardia *a los pocos días. Es el que sigue. Sólo he cambiado el título, el original era: «¡España clasificada para semifinales!».*

Cuento número uno

Zubizarreta atenaza el balón y grita con rabia a sus compañeros exhaustos. Faltan siete minutos para el final del encuentro y el resultado es de empate a uno. El defensa recoge la pelota y la sube hasta medio campo donde larga un soberbia parábola a los pies de un Salinas a la carrera que ya ha dejado atrás a los dos últimos defensas italianos. El delantero entra en el área pisando con el pie izquierdo. La pelota bota delante con nobleza. Ante él solo está el portero, que, adelantado fuera del área pequeña, duda y retrocede un paso.

Salinas pisa ahora con el pie derecho mientras la pelota inicia el descenso hacia el segundo bote. El portero retrocede otro medio paso y se deja caer con la mitad inferior del cuerpo, mientras con la mitad superior intenta volar. El balón ya desciende al tiempo que el atacante pisa de nuevo con la izquierda mientras su derecha se prepara para tocar la pelota justo antes de su segundo bote. El portero, vencido, sigue intentando crecer para tapar a bulto. El estadio, a casi cuarenta grados, se queda congelado. Una milésima de segundo para decidir. Hay cuatro posibilidades para superar el bulto: por arriba (vaselina y gol), por la derecha (regate... y gol), por la izquierda (regate... y gol) y por abajo (picando hacia el suelo... y fallo garantizado). Tres agujeros salvadores sin bala y otro trágicamente cargado. Y en esa milésima de segundo, mientras la bota de Salinas y el balón se lanzan uno contra otro para abrazarse en el desenlace de la película, la ruleta rusa gira vertiginosamente: por arriba, por abajo, por la izquierda, por la derecha, por arriba, por abajo... Rrrrrrrrrrr..., ¡clic! La ruleta ha decidido: *regate por la derecha y gol*. El estadio ruge. Los siete minutos restantes son para marear la gloria. Es la apoteosis. ¡Clasificados para semifinales! La selección española es un *Dream Team* cuyas figuras tenían órdenes estrictas de disimular aburriendo al contrario hasta el último minuto. Clemente, calculadamente confuso y charlatán, ha diseñado un equipo de once jugadores disfrazados de defensores que se ha convertido, sin que nadie se percatase de ello, en el máximo realizador del campeonato. Cada partido, una estrategia distinta. El planteamiento de cada partido se nos antojaba arbitrario y caprichoso. Parecía un equipo sin estilo ni personalidad, ¿verdad? Pues no, nada de eso. Cuán pocos se han dado cuenta de que cada adversario era analizado en profundidad para preparar, específicamente para él, la mejor estrategia posible. ¿Clemente? Un genio. No nos merecíamos aquellas continuas frustraciones mundialistas. Gracias, genio.

Cuento número dos

Zubizarreta atenaza el balón y grita con rabia a sus compañeros exhaustos. Faltan siete minutos para el final del encuentro y el resultado es de empate a uno. El defensa recoge la pelota, pero ¿dónde está Guardiola? Guardiola no está, así que el defensa hace de Guardiola y larga un soberbia parábola a los pies de un Salinas a la carrera que ya ha dejado atrás a los dos últimos defensas italianos. El delantero entra en el área pisando con el pie izquierdo. La pelota bota delante con nobleza. Ante él solo está el portero, que, adelantado fuera del área pequeña, duda y retrocede un paso. Salinas pisa ahora con el pie derecho mientras la pelota inicia el descenso hacia el segundo bote. El portero retrocede otro medio paso y se deja caer con la mitad inferior del cuerpo, mientras con la mitad superior intenta volar. El balón ya desciende al tiempo que el atacante pisa de nuevo con la izquierda mientras su derecha se prepara para tocar la pelota justo antes de su segundo bote. El portero, vencido, sigue intentando crecer para tapar a bulto. El estadio, a casi cuarenta grados, se queda congelado. Una milésima de segundo para decidir. Hay cuatro posibilidades para superar el bulto: por arriba (vaselina y gol), por la derecha (regate... y gol), por la izquierda (regate... y gol) y por abajo (picando hacia el suelo... y fallo garantizado). Tres agujeros salvadores sin bala y otro trágicamente cargado. Y en esa milésima de segundo, mientras la bota de Salinas y el balón se lanzan uno contra otro para abrazarse en el desenlace de la película, la ruleta rusa gira vertiginosamente: por arriba, por abajo, por la izquierda, por la derecha, por arriba, por abajo... Rrrrrrrrrr..., ¿clec? La ruleta ha decidido ¡Cielos, no!: *por abajo y fallo*. El estadio murmura. Los siete minutos restantes son para la desesperación. Es el fin. ¡Nos vamos a casa! La selección española es un *Bad Dream Team* (Equipo-Pesadilla) cuyas figuras no han jugado en su sitio ni tenían órdenes precisas de cómo ni dónde hacerlo. Clemente, conocido charlatán, ha diseñado un confuso equipo de once defensores disfrazados de atacantes que han paseado su clásica furia con honor, como siempre. Cada partido una estrategia distinta. Ni estilo ni personalidad. Pura arbitrariedad y puro capricho. ¿Clemente? Un tozudo de la nada, incapaz de acabar con las atávicas frustraciones mundialistas de España. No nos lo merecemos.

Reflexión final

Llegará un día en el que, en ajedrez, ganará siempre el que juegue con blancas. En el ajedrez no hay lugar para el azar. Es un juego, en el fondo, simple. Todas las partidas jugables de ajedrez ya están, de hecho, escritas en alguna parte. En fútbol nunca llegará ese día, porque el fútbol es, en el fondo, un juego complejo. Por ello, y por si acaso, el *ajedrez con dado* hace ya tiempo que se ha inventado.

6
¡Sancho!

Praga, jueves 9 de abril de 1992. Corren tiempos de renovación en el Národní Technické Muzeum de Praga y su director, Ivo Janousek, ha invitado a algunos amigos para intercambiar ideas. Estoy alojado con Jean-Marc Lévy-Leblond, de la Universidad de Niza, y Sally Duesing, del Exploratorium de San Francisco, en un simpático chalet del propio jardín del gigantesco museo. Por la noche salimos a dar un paseo por las calles de la ciudad. Diez años antes las había recorrido de la mano de un experto, el escritor y embajador Sergio Pitol, y estaba deseoso de lucir mis conocimientos. Mientras cruzamos el puente más bello del mundo, comento que, en aquel preciso momento, estoy viviendo una de esas intensas y no poco frecuentes sensaciones que a uno se le antojan como ya vividas en un pasado remoto. Jean-Marc se detiene en seco, reclama el cien por cien de mi atención y me explica algo en verdad interesante. Acaba de leer un reciente y revolucionario artículo científico sobre esa clase de sensaciones. Al parecer la experiencia previa efectivamente existe, pero desde luego no se remonta a la infancia, ni mucho menos a una vida anterior, sino... ¡a pocos segundos antes! En muchas ocasiones, la percepción inyecta información en un rincón del cerebro y éste la archiva, sin registro de entrada, saltándose olímpicamente la conciencia. Unos segundos más tarde, información consciente con el mismo origen ingresa en el mismo lugar del cerebro y allí choca con la que acababa de entrar a hurtadillas. Así se produciría la sensación, paradójicamente velada y detallada a la vez, de algo ya vivido. Eso mismo me acababa de ocurrir, mediado el puente. Y el precedente no tenía nada que ver con aquel viaje de diez años an-

tes, sino con aquel mismo paseo diez o veinte metros más atrás. Cuando por fin llegamos al otro lado del río, fui yo el que se detuvo y el que reclamó la atención incondicional de mis colegas. Ésta fue la historia que les conté. La había explicado muchas veces, pero nunca hasta entonces la había comprendido del todo.

A Enrique Vila-Matas, usuario espontáneo
y, sin embargo, autorizado de esta historia.

 Cada día, al volver del sueño a la vigilia, reabrimos la percepción al resto del mundo. Un montón de partículas de materia y de luz encuentran de nuevo el camino hasta la conciencia. Y volvemos a ver, a oír, a oler... Inmediatamente después nos disponemos para la higiene matinal con confianza y naturalidad, como si no ocurriera nada. ¿Cómo es posible tanta tranquilidad? El espejo nos devuelve la propia imagen, que no por previsible es menos rara. En verdad, si nos fijamos bien, es rarísima. El hecho de que la realidad de hoy se parezca tanto a la del día anterior nos hace olvidar algo fundamental: que la realidad no hay quien la entienda. Hay que admitir que empezar la jornada confundiendo el *conozco* con el *me es conocido*, ayuda mucho a pasar el resto del día, es un truco que funciona. Sin embargo, a veces sobrevienen experiencias turbadoras que se resisten a ser enterradas. Ésta es una de ellas.
 Una noche, hacia la una de la madrugada, subía a pie por el paseo de Gracia de Barcelona. Acababa de pasar un mal rato durante el estreno de una película de un director con poco oficio que, eso sí, me mantuvo tenso durante toda la proyección, mirando la pantalla de perfil y temiendo, tras cada escena..., la siguiente, aún más torpe, todavía más fastidiosamente increíble. Hubo incluso una avería que obligó a encender las luces de la sala durante varios minutos después de que el último fotograma se tostara rápidamente en la pantalla. Al abordar el último tramo de acera que lleva ya a la

avenida Diagonal, me puse a pensar en un compañero de escuela con el que había compartido pupitre durante un par de meses. Yo había ingresado en aquella escuela en aquel curso y él ya no apareció en el siguiente. Teníamos trece años. Caminaba completamente solo recordando con absurda precisión su blanca papadita, su nariz colorada, sus ojos pálidos siempre levemente legañosos... Hablaba muy poco, pero tenía una risita aguda inconfundible. En dieciocho años nunca había vuelto a pensar en él, eso seguro, y sin embargo tenía la fortísima sensación de que aquella situación ya la había vivido antes. «¿Qué raro mecanismo me vuelca de repente un recuerdo tan nítido, desempolvándolo de una región tan banal y tan lejana de mi memoria? Ni siquiera recuerdo cómo se llamaba... ¡Sancho! Con toda seguridad, se llama Sancho..., no-sé-qué-Sancho.» Estaba ya a unos veinte metros de la esquina cuando alguien la dobló cansinamente. El corazón me dio un vuelco: «¿No era ése Sancho? Es Sancho... ¡Increíble!» Estábamos a punto de cruzarnos y para mí no había duda: acababa de vivir una clara premonición: el futuro me había soplado el pensamiento. «Ahora no tengo más remedio que admitirlo, las premoniciones existen. Yo acabo de experimentar una.» Y nos cruzamos. El pobre ciudadano, inquieto súbitamente al descubrir mi desmedido interés, apretó el paso porque no, no era Sancho. Ni siquiera se le parecía demasiado. «Premoniciones..., ahora ya sabes cómo se fabrican.» Seguí mi camino burlándome de mí mismo cuando, aún sonriéndome y ya relajado, al doblar finalmente la esquina... ¡zas! Me doy de bruces con otro pacífico ciudadano: ¡con Sancho! Esta vez el corazón se me detuvo en seco y todos los fluidos de mi cuerpo se congelaron en un instante. «¡Sancho! Esto no puede ser más que una pesadilla.» El ni se enteró. Iba del brazo de una mujer que hablaba por los codos mientras él sólo reía, reía con aquella risita irrepetible. Cuando mi corazón volvió a arrancar, a trompicones, retrocedí dos pasos para asomarme de nuevo al paseo de Gracia. «¡Sancho!» Más lejos aún se podía ver la silueta del otro, del falso Sancho, esperando a que cambiara la luz de un semáforo.

He contado muchas veces esta historia en reuniones de amigos o para animar alguna cena aburrida. Incluso ha habido quien me la ha solicitado de nuevo como si yo fuera un cantante veterano y la anécdota un viejo éxito. Reconozco que había perfeccionado una manera de contarla ideal para contemporizar con tantos y tantos que disfrutan con el hecho de que a los científicos (digamos) ortodoxos también nos pasen cosas raras. Si ahora me decido a escribirla es porque voy a dejar de contarla y por la imposibilidad física de mandar una circular a todos aquellos que la escucharon en su día. Y es que esta mañana, doce años después del encontronazo anunciado, me he vuelto a encontrar con Sancho.

Yo estaba mirando discos en unos grandes almacenes y ha sido él quien me ha abordado por sorpresa. «Tú no debes tener ni idea de quién soy porque hace más de treinta años que no nos vemos.» Me volví. Él seguía del brazo de la misma mujer. «Hola Sancho». Se ha quedado muy sorprendido. Me ha dicho que no me hubiera reconocido de no ser por una reciente y breve aparición en televisión en la que me llamaban por el nombre, que hasta teníamos amigos comunes, como cierto director de cine en una de cuyas primeras películas él incluso había intervenido como figurante. Le he preguntado por el título de la película. Luego por la duración e importancia de su aparición en pantalla («Oh, bueno..., sólo unos segundos apoyado en la barra de un bar, casi de espaldas y con otras personas..., pero fue divertido»). Luego si había asistido a la proyección del estreno («Pues sí, claro...»). Y me despido mientras Sancho y su mujer se cruzan una mirada de inquietud porque, antes de marcharme, me he interesado también por el trayecto que habían seguido al salir de la sala aquella noche.

7
El azogue del rey

Mientras busco unos documentos aparecen, traspapeladas, unas notas tomadas durante un viaje a la Amazonia: «La verdad en ciencia, necesariamente, cambia. La verdad en arte, aunque no necesariamente, cambia. La verdad revelada, necesariamente, no cambia». Al poco rato doy por bueno el texto que sigue para una exposición sobre arqueología submarina.

Las minas de mercurio de Almadén se conocen desde la época de los romanos, y desde entonces no han dejado de suministrar este sorprendente mineral, el único líquido, con el agua, a temperatura ambiente. Algunas de sus aplicaciones, como la de separar los metales preciosos en las minas, se conocen desde muy antiguo. Uno de los primeros expertos de esta técnica fue el español Álbaro Alonso Barba, autor de una excelente publicación científica, aparecida en 1640, cuya portada dice textualmente:

Arte de los Metales en que se enseña el verdadero beneficio de los de oro, y plata por açogue, el modo de fundirlos todos, y como se han de refinar, y apartar unos de otros. Compuesto por el licenciado Albaro Alonso Barba, natural de la villa de Lepe, en la Andaluzia, Cura en la Imperial de Potosí. De la Parroquia de S. Bernardo. Con privilegio. En Madrid. En la Imprenta del Reyno. Año M.DC.XXXX.

Ciertas verdades científicas tienen larga vigencia. Las recomendaciones esenciales de este manual aún sirven hoy en día para la extracción de oro y plata en la cuenca amazónica. Pero no siempre es así. El problema, desconocido entonces, está en su altísima toxicidad. Más de un siglo después del científico de Lepe incluso se atribuían virtudes curativas al mercurio. Léase por ejemplo la crónica siguiente publicada en el libro *Aforismos de Cirujía* (Madrid, 1774):

«... al caerse del caballo se dio un golpe violento con el pomo de su espada cerca del ombligo; de momento su vivo dolor se calmó con tres o cuatro sangrías; pero más adelante tuvo vómito con dolores cólicos, y pasado un tiempo vomitaba ya materias estercorosas. Sospechándose un vólvulo, se le hizo tomar tres veces una onza de azogue (mercurio) y algunas balas de plomo. Desgraciadamente, a pesar de estos remedios, el enfermo falleció a los veinte días...».

II
Sobre lo bueno y lo malo

8
Crocuta crocuta

Jerusalén, sábado 2 de mayo de 1998. La universidad y la municipalidad de Beer Sheva sueñan con construir un museo de la ciencia en pleno desierto del Negev. Seis directores de museo, James Bradburne (Amsterdam), Geory Delacote (San Francisco), Alan Friedman (Nueva York), Saroj Ghose (Calcuta), Syd Katz (Ontario) y el que lo cuenta (Barcelona) acudimos encantados a la llamada de los responsables israelíes para discutir lo que puede ser el nuevo proyecto. Acabamos de llegar y, sin deshacer las maletas, visitamos juntos Jerusalén... No hay duda: hubo un tiempo en el que todo el espacio estaba aquí... Mañana empiezan las sesiones en el Hotel Hilton de Beer Sheva. Todos nos conocemos, pero es imposible no aprender de las renovadas discrepancias que siempre asoman en un nuevo lugar, un nuevo complejo cultural, una nueva ocasión...

Massada, miércoles 6 de mayo de 1998. Visitamos, juntos de nuevo, la fortaleza en la que unos centenares de judíos resistieron hasta el suicidio colectivo final el asalto del ejército romano. Corría el siglo I. Dos perplejidades: el panorama más sobrecogedor del planeta y la rampa que construyeron los asaltantes para empujar sus máquinas de guerra desde el nivel del mar Muerto hasta la cima, ¡cuatrocientos metros más arriba! Los arqueólogos la han encontrado recientemente ahí, tal como el historiador Flavio Josefo la había descrito. Miramos la rampa, nos miramos boquiabiertos entre nosotros y volvemos a mirar la rampa. Pero ¿es posible una obsesión tan mayúscula? Jerusalén y Massada, miles de años de identificación colectiva..., un instinto ancestral que la cultura puede explotar hacia la gloria o hacia la miseria. Al regresar a Barcelona, recibo una llamada de Eric Rode de La Recherche*:* «*¿Te apetece escribir una columna para un número monográfico sobre genes y comportamiento?*».

Para vivir hay que empeñarse en ello. Hay muchas más maneras de estar muerto que de estar vivo. Algunas maneras de vivir ya se han seleccionado. Están escritas en cada una de nuestras células. Es el instinto. Pero, para algunos seres vivos, todavía queda dónde elegir. Es lo que se aprende, la cultura. ¿Qué parte del comportamiento nace y cuál se hace? ¿Se puede deshacer lo que ha nacido? ¿Se puede desnacer? Atendamos al increíble caso de las hienas manchadas (*Crocuta crocuta*).

Las hienas son agresivas. La selección natural *(1)* favorece todo lo que pueda desanimar a un intruso, pero la idea tiene un efecto secundario: se puede confundir lo propio con lo extraño y dificultar así la cohesión del grupo. La misma selección *(2)* puede corregir: dos machos mutuamente recelosos se sitúan en paralelo, pero, mirando en direcciones opuestas, levantan la pata trasera que expone sus genitales a las mandíbulas de su oponente (¡Dios mío!). Y se entregan a un codificado juego (homo)sexual que, si todo va bien, refuerza los vínculos comunitarios. Quedan efectos secundarios porque ¿y las hembras? La selección *(3)* sigue y mejora: las hembras de la especie *Crocuta crocuta* no tienen problemas de posición social. Están fuertemente masculinizadas. Los labios de la vagina se funden en un pseudoescroto que se completa con dos núcleos de tejido adiposo a modo de pseudotestículos y un clítoris prolongado a modo de pseudopene eréctil. La función es femenina pero la forma da el pego al cien por cien. Las manchadas son, con mucho, las más exitosas de todas las hienas. Efecto secundario: copular y parir a través de un pene es, por muy falso que éste sea, un auténtico calvario. ¿Algo más? *(4)* Difícilmente. Lo escrito en los genes no es un texto sagrado, se puede cambiar, arreglar, borrar, burlar... Pero la selección no parece trabajar para la satisfacción y bienestar de los organismos... Queda la cultura, la asistencia veterinaria por ejemplo.

Creo que es fácil ponerse de acuerdo en casos concretos como éste. Sin embargo, cualquier intento de generalización se calienta a medida que el objeto de conocimiento se acerca al sujeto de conocimiento, es decir, cuando lo que está bajo la luz de los focos es la propia especie humana. Tomemos, por ejemplo, la xenofobia, un instinto reinventado una y mil veces durante la evolución. En general, no se aprende a odiar al forastero. Si algo se aprende es, en todo caso, a dejar de odiarle. La idea encaja bien con la metáfora del gen egoísta: la selección opera a nivel genético, los organismos no son más que excusas temporales para perpetuar la identidad potencialmente eterna de los genes..., luego la selección natural deja pasar aquellos comportamientos de los organismos que protegen la identidad colectiva escrita en los genes.

Releamos ahora la historia de la humanidad. En cada página hay alguien intentando convencer al prójimo de que... «la vida no vale la pena si no es para incendiarla en honor de una causa grande». Es una frase de la cultura, es verdad, pero que debe su contrastada eficacia a que apunta al centro mismo de un instinto mil veces milenario. Multitudes de correligionarios y compatriotas, cofolclóricos y cohinchas, están dispuestos a morir por una identificación colectiva potencialmente inmortal. La historia de la infamia de la humanidad es una lista de efectos secundarios de instintos cuya ventaja original ya nadie recuerda. Nada más natural que corregir lo natural. Lo hace la propia naturaleza. Y lo puede hacer la cultura. La inteligencia, en el fondo, no es más que un gestor de instintos.

9
El herrero, el biólogo y la ética científica

Patagonia, septiembre de 1994. He participado, con una serie de conferencias, en la recién estrenada universidad de verano de Buenos Aires. Dentro de una semana daré algunas más en Mendoza, pero de momento tengo nueve días libres. Decido darme una vuelta por la Patagonia: frente al glaciar Perito Moreno, nunca antes me había pasado con un paisaje, he llorado de emoción y he hecho la que, todavía hoy, es la mejor fotografía de mi vida; en la península Valdés, he cerrado el paso a un gigantesco elefante marino que dormitaba en una playa aprisionada entre el mar y el acantilado, el susto mutuo ha sido importante, pero, afortunadamente, todavía hay grados de obesidad y logro saltar a tiempo; mientras aterrizamos en la ciudad más austral del mundo, Ushuaia, otro susto, porque me despierto, miro por la ventanilla y veo las piñas de los árboles de una ladera con todos sus detalles, o sea, que nos estamos estrellando, pero no, no debe ser así porque el resto del pasaje, cuatro o cinco personas, lee plácidamente el periódico: es que el aterrizaje, aquí, es así; en el minúsculo e intenso Museo del Fin del Mundo, su director me cuenta el fin de los indios nativos, su dieta pasó de focas y mejillones a sólo mejillones. En los días siguientes, vagando por las calas desiertas, me tropiezo repetidamente con el eco de las palabras del director del museo: «¿Ves ese suave promontorio romo? Ahí había una cabaña... ¿Sabes de qué está hecho ese terreno? De cáscara de mejillón». Comparo mentalmente el contenido energético de un kilo de mejillón con el de un kilo de foca, sin olvidar la energía que hay que invertir para conseguir el uno y el otro... Los números cuadran. Mientras la piel, la carne y la grasa de foca viajan al es-

plendoroso progreso de algún centro del mundo, ellos, allí, en el fin del mundo, se encogen en silencioso regreso... La historia de siempre. La antigua felicidad extinta de los comedores de mejillones, que creo adivinar por todas partes, me hace mucha compañía durante todo el viaje.

Supongamos en primer lugar que un afamado herrero fabrica buenos cuchillos para carniceros. La tradición familiar, su profesionalidad y espíritu de superación le han llevado a producir unas herramientas casi perfectas. Son herramientas bien templadas y prestas a cortar con precisión músculos y cartílagos con el mínimo esfuerzo. Supongamos ahora que un delincuente se hace con uno de tales útiles y comete con él una de esas horripilantes fechorías que estremecen a la comunidad entera. Está claro que la policía, la justicia y el resto de la sociedad concentrará su interés y preocupación en el delincuente, en su historia, su psicología y sus relaciones con el prójimo. El arma del crimen, debidamente etiquetada, no será más que una prueba en el proceso judicial. Nadie se volverá hacia el herrero para pedirle explicaciones o responsabilidades. Supongamos ahora otro caso: un biólogo molecular desarrolla una depurada técnica para manipular genéticamente tomates convencionales y conseguir así tomates perfectamente cúbicos. La sociedad celebra el invento porque supone una gran ventaja a la hora de embalar los frutos para su transporte. Pero sigamos. Supongamos también que esa misma técnica permite que un desalmado manipule seres humanos y consiga *inventar* otra especie de humanoide, digamos, por ejemplo, un homínido de proporciones muy pequeñas (de un kilo de peso individual), laborioso, resistente, semiinteligente y manso. Un esclavo perfecto. Las consecuencias del engendro de origen humano son imprevisibles, pero, en este caso, la mayor parte de la sociedad se volverá, horrorizada, hacia el biólogo de los tomates cúbicos.

Estamos ante el problema central de la ética en la ciencia

y tecnología. ¿Qué es lo común entre ambos casos? ¿Por qué nadie plantea siquiera la responsabilidad del herrero? ¿Por qué todos cuestionan la del biólogo? ¿Es inocente el herrero y culpable el biólogo? ¿Son inocentes los dos? ¿Será que ambos casos no son comparables? ¿Por qué no lo son? ¿Es la investigación totalmente libre? ¿Será que los investigadores son siempre inocentes y que los aplicadores de tales investigaciones son los únicos que pueden ser culpables? ¿Será que no pueden dictarse normas morales generales y que cada caso, como el del herrero y el del biólogo, deben resolverse con una especie de «sentido común particular»?

El problema es cada día más importante en una sociedad cada día más dependiente de la ciencia y la técnica (si en verdad existe alguna diferencia fundamental entre ambas, y creo que no) y en una sociedad que pretende avanzar cada día en su autogestión democrática. La cuestión parece compleja y confusa, pero, y a ello voy a dedicar estas breves líneas, a lo mejor resulta ser de una sencillez casi brutal. Veamos lo que la fábula del herrero y del biólogo da de sí.

La clave está, creo, en que ambos casos son más que comparables. De hecho sólo existe una diferencia fundamental entre ellos. Y en el análisis de tal diferencia está la solución. ¿Por qué tendemos a considerar inocente al herrero? Sólo por una razón. Todos conocemos y aceptamos el peligro de que el cuchillo de carnicero llegue a tener un mal uso. Es un riesgo perfectamente evaluado y asumido por la sociedad entera. Y, como lo asumimos todos, el herrero es tan inocente y tan culpable como cualquier otro ciudadano. En otras palabras, el herrero comparte su presupuesto de riesgos y beneficios. ¿Por qué tendemos a considerar responsable al biólogo? Porque ese presupuesto no se comparte. Atención, no se trata de que el riesgo no esté claro (podría no estarlo, podría ser incluso difícil de evaluar), pero esa falta de claridad, el riesgo del riesgo, es justamente lo que hay que conseguir compartir. Si el biólogo hiciera tomates cúbicos compartiendo el riesgo de sus trabajos con la sociedad entera, entonces su caso no se distinguiría en nada del caso del buen herrero. Y ahora la clave de la clave. ¿Por qué no se comparte el riesgo? He aquí algunas razones, sólo dos, por las que tal clase de riesgos no se comparte:

Primera: Para que dos entes compartan algo, en principio debe poseerlo uno de ellos. Y, en general (y aunque la situación ya ha empezado a invertirse), el científico no suele detenerse a evaluar los riesgos de las consecuencias de lo que produce. En otras palabras, la comunidad científica *genera muy poca opinión científica*. Y si la comunidad científica no la genera (no tiene costumbre de debatir dentro de la propia comunidad científica este tipo de temas), entonces difícilmente se generará opinión científica en la sociedad. Compárese por ejemplo el volumen de opinión científica con el volumen de opinión política, económica, artística y, sobre todo, ¡deportiva! que manejamos cada día. Recuérdese el desconcierto cósmico de los legisladores a la hora de tratar temas sobre la vida humana (aborto, eutanasia... ¿qué es la vida?), sobre el medio ambiente (calidad del agua, del aire, basuras... ¿dónde están los límites?) o la energía (centrales nucleares, pantanos... ¿cuáles son los riesgos?). Está claro que la creación de opinión científica entre científicos todavía necesita estímulos.

Segunda: Un sentimiento común dentro y fuera de la comunidad científica podría expresarse más o menos así: «El hombre de la calle, pobre hombre, no está preparado para seguir los complicados argumentos de un especialista. Su opinión, por tanto, jamás tendrá el mismo valor. Por lo tanto, no queda más remedio que confiar en los científicos. Que inventen ellos, que ellos sean los responsables».

Falso. Una buena hipótesis de trabajo es:

Todo (absolutamente todo) lo científico es transmisible y comprensible.

Las hipótesis de trabajo son principios y como tales no son verdaderas ni falsas. Funcionan o no funcionan. La mencionada hipótesis se asume, por ejemplo, en los modernos museos de ciencia. Hay que admitir que en ciencia funciona mejor que en otras formas de conocimiento, como en el caso del conocimiento político, económico, artístico o místico. Pero entre asumir la hipótesis o rechazarla, mejor asumirla. El conocimiento, cualquiera que sea su forma, no es una riqueza aplazable a ninguna otra. El conocimiento es, literalmente, materia de subsistencia, no menos, por ejemplo, que la mismísima salud.

El pensamiento es libre, libérrimo, y ello afortunadamente para el concepto *idea*. Y la prueba está en que, de momento y en condiciones normales, no se puede «pinchar» un cerebro como se pincha un teléfono. En el mundo de las ideas todo es posible y, por lo tanto, todo está permitido. Pero cuando uno pasa del mundo de las ideas al mundo de los objetos, cuando uno altera la realidad, cuando uno experimenta, entonces uno se encuentra con que en esa realidad preexisten otras libertades que en muchos casos pagan, gozan y sufren tales experiencias. En ese mundo no todo es posible. Ese mundo tiene sus ligaduras. Son las limitaciones del progreso, es decir, las limitaciones que hacen que el progreso sea posible. Y ésta es la conclusión:

La comprensión pública de la ciencia no es ni un gramo menos trascendente que la comprensión que de la ciencia tienen los científicos.

Éste es, sin duda, el pilar central de la llamada ética científica.

10
Réquiem por *Billy*

Barcelona, martes, 21 de abril de 1992, 19 horas. Sala del auditorio principal. Dentro del ciclo «Las Noches del Museo» hoy vienen tres importantes científicos del Consejo Superior de Investigaciones Científicas para debatir con la audiencia sobre el tema: «El Mediterráneo aún no ha muerto». Comparece un químico ambiental, director de un centro de investigación, un oceanógrafo, también director de un centro de estudios avanzados, y un biólogo investigador del Instituto de Ciencias del Mar. Se trata, en una palabra, de la ciencia oficial. La sala, con aforo para 200 personas, está llena a rebosar, igual que otra auxiliar de 150 desde donde se puede seguir la sesión por un circuito cerrado de televisión. La expectación por la velada es espléndida. A mí me toca hacer las presentaciones y moderar el debate. Uno tras otro los científicos exhiben datos y exponen sus argumentos ayudándose con lujo de datos frescos, límpidos gráficos y atractivas fotografías. Un cierto optimismo se propaga por la sala. Se define por ejemplo una medida de la tasa de renovación de las aguas del Mediterráneo. Al parecer, desde que una molécula de agua entra por el estrecho de Gibraltar procedente del océano Atlántico hasta que vuelve a salir media un tiempo de cien años. Éste es el dato. Y la interpretación de los científicos: el mar Mediterráneo es muy grande, en muchos sentidos es como si fuera un océano. Otro ejemplo: se dan las toneladas de crudo perdidas en el mar por diferentes causas. Éste es el dato. Y la interpretación oficial: eso es muy poca cosa. Hay bacterias apropiadas que darán, sin problemas, buena cuenta de ello. Y otro más: las construcciones para la prospección de petróleo no suponen ninguna tensión suplementaria para la flora y la *fauna de las profundidades. Más bien al contrario: suponen protecciones artificiales que favorecerán el florecimiento de nuevos paraísos subacuáticos. El Mediterráneo no sólo no ha muerto todavía, sino que no parece nada fácil acabar con él. Todos parecen estar de acuerdo entre sí, los científicos y la audiencia. El acto difícilmente acabará en debate. Los asistentes, en efecto, se miran los unos a los otros agradablemente sorprendidos. Pero el moderador, a pesar de su natural carácter entre ingenuo y semieufórico, escruta la audiencia un poco mosqueado. Algo huele a gato encerrado. Está claro que la sala está entregada de antemano; son de la esfera social y cultural de los ponentes: colaboradores, alumnos, familiares... ¡Salvo la última fila! Algo se agita en la última fila. El moderador reconoce a uno de ellos: nada menos que el presidente de Green Peace en España. Esto está mucho mejor. De repente el moderador parece recordar, echa una ojeada al programa que tiene delante y... ¡recuerda! Para el día siguiente, día 22 de abril, y por puro capricho del azar, la celebérrima ONG había alquilado el mismo auditorio para un acto muy similar. El título se parecía mucho al del acto de aquel día, aunque tenía, sin llegar a ser contradictorio, otros matices: «El Mediterráneo se muere». La casualidad era notable porque, aunque la sesión era privada, también me habían pedido actuar de moderador. La cosa esta clara: los «onegetistas» se han enterado de la sesión que precede a la suya y se han presentado para tomar medidas y para presentar batalla. Para eso están. El moderador se frota las manos. En ese momento se escucha una gran ovación y el moderador empieza a dar las primeras palabras a la sala. Son intervenciones de la misma onda que las ponencias, una precisión aquí, un piropo por allá, un pronóstico, una confirmación... El moderador mira hacia la última fila con impaciencia creciente. ¿Es que no van a decir nada? Al final se dirige hacia ellos con las cejas levantadas y las manos abiertas como diciendo: «¡Adelante, está claro que no compartís lo que se ha dicho, os doy la oportunidad ahora...!». Pero los activistas de la ecología ponen los ojos en blanco y se encogen de hombros rechazando la invitación, como diciendo: «¡Éstos no tienen remedio, es el discurso de siempre, inútil intentar nada...!».* Antes de despedirme de la audiencia, anuncio el debate del día siguiente e invito a la audiencia a presenciar lo que puede ser la otra cara de la moneda. Identifico a los espectadores de la última fila y la gente se vuelve con curiosidad para mirarlos. A los científicos, después de agradecerles su colaboración, les explico lo sucedido (los científicos se sorprenden de mi sorpresa: ¿qué esperabas?) y les emplazo para el día siguiente. Incluso les invito (al restaurante que ellos elijan) si acceden a volver, como público, e iniciar ¡ellos! el debate tras las ponencias de los ecologistas. Prometen hacerlo entre risas y pronósticos para el día siguiente.

Barcelona, martes, 22 de abril de 1992, 19 horas. Sala del auditorio principal. Dentro del ciclo «Las Noches del Museo», el mismo moderador se sienta para debatir el mismo tema que la víspera. Sólo han cambiado los ponentes... ¡y la audiencia! Ni un solo espectador de la víspera ha vuelto. Las dos salas están también repletas. Pero se trata de simpatizantes, curiosos e incondicionales de Green Peace. Después de proyectar unas acrobacias temerarias de miembros de esta ONG, que la audiencia aplaude a rabiar, empiezan las ponencias sobre el Mediterráneo. Y empiezan igual que las del día anterior. Los mismos datos. El tiempo de residencia de una molécula en el Mediterráneo es de cien años. De acuerdo en eso. Pero eso significa hoy que el Mediterráneo no sólo no es un océano: ¡es un charco! El mismo dato, pero diferente interpretación. También están de acuerdo respecto al volumen de las pérdidas de petróleo en el mar, pero en desacuerdo respecto de lo que esa cifra significa. ¿Bacterias que digieren el petróleo? Quizás en el golfo Pérsico, pero no en la Costa Brava o en la Costa Azul. ¿Paraísos bajo las plataformas? ¡Un sarcasmo!...

Billy, un macaco devorador de cangrejos, fue sacrificado el 14 de enero de 1990 en un laboratorio de Silver Spring (Maryland), tras cuatro horas de experimentación neurológica. El animal, cuando se le amputaron ambas extremidades inferiores, ya había sido utilizado por la ciencia durante cierto tiempo. Militantes pro derechos de los animales, indignados por estas prácticas inhumanas, habían obtenido del juez del distrito una suspensión de la ejecución. Esto ocurría el 12 de enero, pero el domingo por la mañana responsables del NIH (National Institutes of Health) manifestaron que la suspensión no tenía sentido, puesto que de todos modos *Billy* estaba a punto de morir: «Sus numerosas deformidades y heridas le habían hecho perder definitivamente el apetito» (*sic, Nature,* 25 de enero de 1990).

Según ciertas teorías, existen zonas cerebrales que, después de perder la función que les es propia a causa de un traumatismo, se adaptan a otras funciones. *Billy* había sido elegido para proporcionar nuevos datos sobre esta reorganización cerebral, con la esperanza de que, algún día, seres humanos afectados por lesiones similares puedan agradecérselo. Sin embargo, para numerosos investigadores, la experiencia, desarrollada de forma excesivamente rápida, había sido una crueldad absurda, inútil y de nulo valor científico. La polémica estaba servida.

Uno de los pilares fundamentales del método científico consiste en la dialéctica de principio entre teoría (representarse el mundo o una parte del mismo) y experiencia (perturbar el mundo y tomar buena nota de las consecuencias que esto conlleva). La teoría, que pertenece al universo de las ideas, es un ejercicio mental. La experiencia, que no puede sustraerse al universo de los objetos, es, por su parte, una práctica material.

Otro pilar del método científico es el principio de objetivación: hay que esforzarse para que la observación modifique lo mínimo posible aquello que se pretende observar. El espíritu se enriquece por su interacción con la materia, pero existe un problema. El espíritu posee —cuando menos en este mundo— un soporte hecho de materia, y no de cualquier clase de materia. Es materia inteligente.

Las fronteras que separan lo vivo de lo no vivo, o lo inteligente de lo no inteligente, son indefinidas e indefinibles, pero el caso del macaco mártir nos conmueve epistemológicamente, porque la materia del macaco —de ahí su desgracia— está muy próxima a la de los cerebros que lo estudian. Una bacteria es un ancestro biológico muy lejano, mientras que *Billy* es un pariente biológico próximo. El espíritu científico siente que roza la divinidad cuando cree comprender algo del mundo, pero sabe, gracias a la ciencia misma, que su propia materia —ésa que le permite existir— proviene de otras formas anteriores... (El viejo dilema del huevo y la gallina tiene respuesta: primero fue el huevo, aunque no era, claro, un huevo de gallina.) ¿Dónde está la dificultad? Los dos principios mencionados del método científico garantizan una propiedad muy particular: la universalidad. No se exige universalidad, por ejemplo, al conocimiento artístico ni al conocimiento revelado. La ciencia quiere ser universal por oficio. La ciencia pretende ser independiente del espacio y del tiempo, independiente de las mentes que la han forjado y que la aplican, independiente de sus costumbres, tradiciones y creencias. La ciencia aspira a ser una cultura muy amplia, tanto que puede hasta cambiar de nombre y denominarse civilización.

La ciencia consigue, en efecto, unos resultados razonablemente universales. Sin embargo, no ocurre lo mismo con las emociones asociadas a tales resultados. Ésta es la cuestión. La ciencia será civilización, pero la ética es cultura (tradición y creencia). Para extraer algunas migajas de ciencia, hay que pagar un precio, el de la separación entre el espíritu y la materia de la que aquél intenta diferenciarse. En cierto modo, se trata de un mecanismo de conservación. La tensión necesaria para hacer funcionar el método científico se libera más tarde en forma de cuestiones éticas específicas. Los científicos trabajan para una misma civilización, pero no siempre pertenecen a una misma cultura.

Los japoneses creen, debido a una compleja mezcla de creencias y tradiciones, que el criterio más aceptable de la muerte es más el cese de la actividad cardiaca que el cese de la actividad cerebral. Esto plantea problemas, por ejemplo, a la hora del trasplante de corazón. En este caso la civilización tira de la cultura. El aborto, en cambio, no suscita ningún particular debate moral en el país. En ciertos países como Francia, Estados Unidos y el Reino Unido florece, desde hace años, un intenso movimiento a favor de los derechos de los animales. Se ha llegado a asaltar laboratorios científicos para liberar animales cautivos. Aquí la cultura tira de la civilización. La ingeniería genética es un sueño lleno de esperanza y, a la vez, una pesadilla. ¿Cómo generar opinión en torno a asuntos de la cultura y la civilización?

Cambiar de opinión es tanto más fácil cuanto menos cargada esté tal opinión de ideología. Cambiar de opinión científica no es deshonroso. Al contrario, la historia de la ciencia no es otra cosa que la historia de los cambios de opinión científica. La ciencia cambia la ciencia. Para eso está, justamente, el método científico. Pero cambiar de opinión moral es otra cosa. Cambiar de opinión moral es, en sí misma, una cuestión moral. No hay ninguna moral que estimule su propia evolución. La civilización tiende a ir demasiado deprisa. La cultura tiende a ir demasiado despacio. La primera se ha torcido un pie, a la segunda se le ha dormido el otro. Ambas cojean. ¡Que se apoyen la una en la otra!

11
Suspiro de primate

Algún lugar del Ampurdán cerca de Figueres, hacia el año 1974. Sólo he ido de caza una vez. Fue un día lleno de emociones. Primera emoción: un conejo sale de unos arbustos obligado por los perros. La emoción es grande: acabamos de sorprender un episodio de la vida salvaje. El terror urgente del animal ilustra, una vez más, la ley primera de la materia viva: comer y no ser comido. Se oyen voces viriles y seguras que dominan el paisaje desde hace milenios. Jaleado por esas voces, que lo esperan todo de mí, apunto un poco por delante del pequeño fugitivo y disparo. Segunda emoción: la carrera ágil y experta del conejo se detiene en seco en medio de una nubecita de polvo. La emoción es grande porque da la impresión de que puede derribarlo todo. Derribar es la palabra. Se diría que puedo derribar cualquier iniciativa. La emoción consiste en decidir y derribar. Derribar es el placer. Las voces celebran mi inminente futuro como cazador y bromean sobre el futuro de los conejos. Tercera emoción: el conejo herido, con el cuerpo roto hasta una forma imposible, se mueve con estertores cada vez más débiles. Lo tomo en mis manos a pesar de la airada protesta de los perros. La emoción es grande porque el conejo me mira a los ojos desde la palma de mi mano y me pregunta: ¿estás loco o qué? Mientras balbuceo la disculpa más sincera de mi vida, el conejo, sin dejar de mirarme, se muere. Cuarta emoción: ya han pasado más de veinte años y nunca antes, ni después, he sentido tanta vergüenza. Me preocupa mucho porque, de vez en cuando, todavía me gusta ir a pescar.

Zoo de Barcelona, diez y media de la mañana de un domingo de finales de los setenta. Estoy solo en un corredor que separa dos espacios. Frente a mí, *Copito de nieve*, el célebre gorila blanco, inmóvil en una postura yo diría que idéntica a la del *Pensador* de Rodin. Lo miro intensamente intentando un encuentro de nuestras miradas, pero él no separa la suya del suelo. Tras de mí, un recinto con una familia de chimpancés. En ese instante se acerca un empleado del parque empujando un carrito lleno de manzanas, zanahorias, plátanos... Silba *El tercer hombre*. *Copito* no se mueve ni un milímetro, pero los chimpancés estallan en un jolgorio de palmas y gritos en clara y urgente demanda de frutas y hortalizas. Yo sigo mirando al gorila. Entonces ocurrió. Sin deshacer la composición rodiniana, el gorila levanta lentamente su mirada azul hasta encontrarse con la mía y, acto seguido, hace como que pone los ojos en blanco, mueve compasivamente la cabeza de izquierda a derecha y termina con un suspiro de leve fastidio. Sólo le faltó decir algo así como... «si es que no tienen remedio, como si no supieran que la comida llegará más tarde y desde el interior... ¡pero qué pesados!». El empleado sigue silbando. No ha visto nada. Y no hay más testigos.

Palais de la Découverte en París, una de la tarde de un lunes del mes de marzo, veintidós años después. La reunión de cuatro horas ha terminado y los miembros del comité científico ya bromean distendidos. La última cuestión debatida tenía que ver con la distancia genética entre los humanos y otros primates, así que, animado por la buena atmósfera reinante, decido contar aquel lance fugaz del gorila albino. Cuando termino, y como era de prever, me gano un cariñoso abucheo de mis sabios colegas. Sólo uno se ha quedado muy serio: se trata de Jean-Didier Vincent, un conocido neurobiólogo del CNRS (Centre National de la Recherche Scientifique). Su silencio reclama nuestra atención, que el profesor aprovecha para narrar su propia historia. Ocurrió hace un año en el Zoo de San Diego, uno de los pocos que puede presumir de una familia de bonobos a la vista del público. Los bonobos son muy parecidos a los chimpancés, pero con dos particularidades fuertemente humanoides: exhiben un notable bipedismo y sus hembras están casi siempre receptivas sexualmente. Por lo demás, hacen tantas «monadas» que la mujer de nuestro colega, en un arrebato de excelente humor, se puso a parodiarlas *in situ* con toda la frescura de una mímica captada y exagerada en directo y en el acto. Tan absorta estaba en su representación y tal era el regocijo general de los asistentes, que nadie, excepto su marido, reparó en el detalle. Un viejo macho bonobo miraba con curiosidad a la improvisada actriz, luego a los miembros de su propia familia y después al grupo visitante... Entonces ocurrió. El jefe clavó su mirada en el único humano que no participaba en la fiesta, hizo como que ponía los ojos en blanco, movió compasivamente la cabeza de izquierda a derecha y terminó con un suspiro de leve fastidio. Sólo le faltó decir algo así como... «ya estamos otra vez con el viejo truco de imitar nuestros gestos... ¡pero qué divertido!».

No sé si la convergencia entre ambas historias es a favor de la estrecha proximidad entre un gorila y un bonobo, entre un físico y un neurobiólogo o entre un simio y un humano. Los caminos del azar son inescrutables. O quizá no tanto. Las experiencias convergentes son dos y a dos de nosotros se nos antoja, mientras el comité científico camina hacia el restaurante, que dos es mucho más que la suma de uno más uno.

12
Dios mío, ¿qué hemos hecho?

Washington, lunes 8 de julio de 1996. Por una gentileza de Richard Piani, formo parte de una delegación de la Cité des Sciences et l'Industrie de la Villette de París en breve gira por los museos de Washington. Estamos en el Air Space Museum ante un objeto cargado de historia: el mismísimo y reluciente avión que soltó la bomba sobre Hiroshima. La polémica en el país está siendo muy dura y el director del museo ha sido la primera víctima. Me retraso del grupo contemplando unas imágenes de época en una pantalla. El Enola Gay *acaba de despegar hacia su destino. En primer término y de espaldas a la cámara, una figura oscura contempla la historia. Es un capellán militar que, con dos gestos breves y perpendiculares, bendice la misión.*

«Entró en el auditorio entre aullidos, vítores y aplausos, saludando, como una estrella del boxeo, con las manos unidas por encima de la cabeza, y subió al estrado con un ágil saltito», recuerda un científico del grupo de Los Álamos. Cuando se logró cierto silencio, Oppenheimer leyó la traducción del mensaje cifrado a la excitada audiencia: «Definitivamente claro: éxito en todos los aspectos. Efectos visuales mayores que los de Trinidad. Hiroshima. Condiciones normales en el aeroplano. Volvemos a la base».

La escena inmediatamente anterior tiene lugar en la cabina del bombardero *Enola Gay,* poco después de las ocho y cuarto de la mañana, hora de Hiroshima. El capitán William S. Parsons emite: «82 V 670, Line1, Line 2, Line 6, Line 9».

Sólo unos segundos antes el comandante y piloto de la nave, Paul W. Tibbets, daba unos golpecitos al tabaco, encendía de nuevo su pipa y, tirando de ella, decía: «Bob, creo que esto es el fin de la guerra». Era la respuesta a su copiloto, el oficial Robert A. Lewis, que, con la vista clavada en el infierno, había susurrado: «Dios mío, ¿qué hemos hecho?».

Ocho horas, quince minutos y diecisiete segundos del seis de agosto de 1945. Las compuertas se han abierto con un estrépito neumático y «Little Boy», el conjunto explosivo más devastador que cualquier bomba o nube de bombas jamás lanzada hasta entonces, se desploma hacia una ciudad que acaba de despertarse. Su fuerza explosiva de 20.000 toneladas de TNT (es decir, el equivalente de 200.000 bombas convencionales como las que Tibbets solía cargar en África y Europa) se liberaría cuarenta y tres segundos más tarde. ¿Se necesitaban más de cien mil muertos para empezar a terminar la guerra? ¿No se hubiera conseguido lo mismo con una demostración anunciada frente a las costas de Japón?

En julio de aquel mismo año habían llegado al Pentágono insistentes voces de científicos involucrados en el proyecto del desarrollo de la bomba. Sus escrúpulos sobre el uso del arma ya dificultaban el sueño de muchos de ellos. La decisión de lanzarla fue tomada conjuntamente por Truman y Churchill después de escuchar varias propuestas alternativas. Una de ellas era, justamente, la de preparar un colosal espectáculo de explosión atómica para posibles interesados en capitular. Robert Oppenheimer, entre otros, fue consultado sobre la eficacia de tal posibilidad. El director del proyecto que había logrado construir la bomba dudó de que la demostración llegara a ser convincente. Después de todo, la cosa no pasaría de una bola de fuego en el horizonte del mar y una nube en forma de hongo enroscándose solemnemente sobre sí misma hacia el cielo.

La idea de construir la bomba arranca sin duda de la carta que Einstein escribiera al presidente Roosevelt en 1939. En ella, el científico advertía al político sobre la posibilidad de desarrollar una bomba «extremadamente potente». Pero la decisión de poner manos a la obra fue tomada el día 6 de diciembre de 1941, curiosamente la víspera del ataque japonés contra Pearl Harbor. Fueron casi cuatro años trabajando en secreto por una sola cosa. Todo lo que se hacía, esencial o accesorio, todos los comentarios, todos los esfuerzos, incluso todo lo que ocurría fuera del programa, convergía obsesivamente en un solo fin. Aquellas personas, probablemente la mayor concentración de cerebros jamás reunida en un solo lugar para un solo objetivo, habían estado cargándose con un anhelo que acababa de lograrse «explosivamente». Pero a medida que las noticias llegaban, algunas sonrisas se fueron transformando en muecas de desconcierto. La misma frase del copiloto del *Enola Gay* se murmuraba espontáneamente por los rincones del campo de Los Álamos. Los primeros momentos de lucidez introdujeron los primeros momentos de confusión y contradicción. Oppenheimer admitió ante una nube de periodistas que asediaban el laboratorio: «Estamos asustados de lo que hemos hecho», para añadir inmediatamente después que «un científico no puede esquivar el progreso sólo porque tema lo que el mundo pueda llegar a hacer con sus descubrimientos». Una cosa estaba clara, el mundo ya no volvería nunca a ser el mismo.

A favor del horror también se pueden acumular argumentos (aritmética de muertos: la invasión de Japón hubiera costado muchísimas más víctimas, aun contando las cien mil de Nagasaki cuyo sentido era convencer sobre la capacidad de continuar; económica: la guerra estaba costando siete mil millones de dólares cada mes, la bomba sólo dos mil millones; horripilante y rara vacuna: las grandes guerras se han hecho inviables, etc.). Leer la historia sirve para constatar algunas de sus constantes. Y el horror es sin duda una de ellas. Incluso es posible que la energía nuclear no vuelva a utilizarse contra el ciudadano. Pero hoy, cincuenta años después de aquella pesadilla, hay otra reflexión que hacerse. Oppenheimer fue un físico nuclear brillantísimo, refinado, culto y sensible. Para muchos, el balance de su labor y la del equipo de sabios que dirigió es positivo. Sin embargo, incluso para los que así piensan, está claro que Oppenheimer y su equipo representan otra de las cosas que ya no puede volver a ocurrir. Hay dos aspectos que un científico de hoy no puede pretender al mismo tiempo: trabajar en secreto por un lado y, por otro, no considerarse responsable de las aplicaciones de sus logros. Nos reencontramos aquí con la fábula del herrero y el biólogo. El aspecto más inquietante de nuestra sociedad actual es que es a la vez científica y científicamente analfabeta. Deshacer esta paradoja es la conclusión.

Oppenheimer y su familia fueron literalmente torturados durante la tristemente célebre «caza de brujas». A principios de los años ochenta llegué a conocer a Frank Oppenheimer, hermano de Robert y también físico, en San Francisco. También él había sido alejado de los centros docentes «formales» y sufrido el acoso de los purificadores de América. En el fondo de su mirada brillante creí ver, precisamente allí, la solución: estimular al prójimo para que no renuncie a sus deberes científicos. Frank acababa de inventarse, reavivando olvidadas fórmulas europeas, el Exploratorium de San Francisco, un nuevo modelo de museo de ciencia basado en la idea de poner al ciudadano literalmente en la piel del investigador científico. Quizá sea una sugestión, pero resulta hermoso pensar que la intensa biografía de Robert no termina hasta la muerte de su hermano Frank.

13
El método científico como idea para la convivencia

Dos de las Ideas sobre la complejidad del mundo *(Tusquets Editores, Barcelona, 1985), justamente las dos ideas centrales, no aparecían explícitamente en la primera edición del libro (1985). De hecho, me di cuenta de ello al releer el texto un año más tarde. En la segunda (1989) y tercera (1994) ediciones, así como en la edición francesa,* L'âme de la meduse *(1996), añadí un postscriptum para sacar tales conclusiones a la superficie. En los últimos diez años he comprobado que me han servido para mucho, que las he usado a modo de esquema conceptual para todo lo que tiene que ver con el conocimiento científico: para la investigación, para la museografía, para la docencia, para cualquier aproximación a otras formas de conocimiento como el arte, la filosofía, la religión o la política... En siete de las ocho reflexiones que siguen, y en alguna más de este libro, se parte de este esquema conceptual. He respetado la repetición de este punto de partida porque es una manera de darle peso, para no romper el ritmo propio de tales reflexiones y porque es también una manera de lucir su eficacia. Hay, pues, un trozo de este libro que es continuación del otro.*

El conocimiento es una representación mental de la realidad. Resulta, además, que esa realidad está poblada por otras mentes, asimismo dedicadas a conocer. Resulta encima que la actividad de una mente no se limita sólo a conocer, también se comporta. Y no sólo eso. Una mente se comporta, justamente, según las sugerencias que le hace el conocimiento que haya podido adquirir. La convivencia humana es el resultado de esta intrincada red de conocimientos y comportamientos. Pero basta un vistazo a la historia de la convivencia humana para descubrir que algo va mal, que algo ha ido siempre mal. Algo ha ido siempre mal, por lo tanto, en el proceso de la construcción y la transmisión del conocimiento; por lo menos de aquella clase de conocimiento que sirve para compartir el mundo con nuestros vecinos.

Existe toda una métrica de la vecindad. El vecino más próximo está representado por ese importante concepto del *uno mismo* (distancia cero); continúa con la familia inmediata, la idea del *ser querido* (distancia corta); está luego eso que llamamos *mi gente* (distancia moderada) y aumenta rápidamente hasta alcanzar valores que ni siquiera sabemos estimar. El problema de la convivencia se plantea en todas las distancias y seguramente con no muy diferente frecuencia e intensidad relativa. Existe la esquizofrenia y la dificultad de soportarse a sí mismo, existe el crimen pasional y existe la guerra civil. Son tragedias indiscutibles, pero la historia de la infamia de la humanidad se ha escrito a mayores distancias, cuando las diferencias afectan a la raíces de la cultura, las tradiciones, las creencias y las ideologías. Sin embargo, la razón no está en aplicar lejos un conocimiento cultivado cerca. Adelantaré mi sospecha ahora mismo. El tipo de verdad que nos *sopla* el modo de relacionarnos con los demás pertenece a esa clase de conocimiento que bien podríamos denominar, genéricamente, conocimiento revelado. ¿Revelado por quién? Revelado, simplemente revelado. Lo relevante no es si el origen de la revelación está en la propia intuición, si está en nuestros mayores, en alguna clase de identificación colectiva o en alguna poderosa divinidad. Lo relevante es que el conocimiento revelado sólo suele ser alterado por el correspondiente ente revelador, y resulta que éste no parece ser sensible a los cambios que experimenta la realidad. Hay una afirmación que se suele utilizar para justificar ciertos lances de la historia y que cada vez me parece más escalofriante: «No olvidemos que hay que entender la época en que tal cosa ocurrió». Se dice tranquilamente de la Inquisición, se está empezando a decir ya del nazismo. En los buenos tiempos el conocimiento revelado puede ser, como máximo, interpretado. En los malos, tal margen se reduce a cero. Es el fundamentalismo. El conocimiento revelado es a la vez íntimo y atemorizante. Quizá por lo mismo: porque, siendo una representación de la realidad, resulta que es invulnerable a cualquiera de sus episodios. El conocimiento revelado es inevitable y, con frecuencia, también glorioso. No podríamos subsistir sin él. Además, al menos en principio, se trata del punto de partida de cualquier otro tipo de conocimiento. Pero tiene un grave inconveniente, su tendencia a inhabilitar las mentes en las que se ha instalado para que éstas apliquen a la convivencia humana —que no a otros menesteres— otros métodos de conocimiento. ¿Como cuál?

Por ejemplo, la ciencia. La ciencia tiene su prestigio, pero sólo por sus resultados, no por el método que se emplea para obtenerlos. La ciencia, hasta ahora, solo se ha empleado para hacer ciencia, casi nunca para tratar de comprender al vecino. Probemos la idea, aunque sea sólo como un ejercicio mental.

En un intento de que la realidad sea lo más común posible para todas las mentes que navegan en ella, la ciencia tiene como primer principio el de *objetividad*. En virtud de tal principio, el observador se excluye a sí mismo de la realidad que quiere observar. En otras palabras, lo observado debe ser lo más independiente posible del proceso mismo de observación. Un físico no altera la velocidad de una bola de billar por el hecho de medir esa velocidad. Un psicólogo tiene muchas maneras de observar a su paciente, pero la manera más científica de hacerlo es cuidando al máximo de que las preguntas no sugieran ni afecten a las respuestas. La política es el conocimiento de la convivencia. Estoy diciendo, sí, que el ciudadano, como político, debe excluirse a sí mismo (a sus seres queridos, a su gente...) durante el ejercicio de observar la realidad. Ya llegará, sin duda, el momento adecuado para reintroducir los intereses propios.

En un intento de que la realidad sea predecible, la ciencia tiene, como segundo principio, el de la *inteligibilidad*. Se trata de la reducción bien entendida. El conocimiento tiene que ser, en algún sentido, más compacto que la realidad que queremos conocer, cuanta más compresión más compre*n*sión, más universal es el conocimiento, más profunda es su inteligibilidad. Las mismas leyes que explican el movimiento de los planetas explican también el de las bolas de billar. La inteligibilidad científica equivale, de algún modo, a buscar lo común oculto en lo aparentemente diverso. Con el psicoanálisis los resultados no son tan espectaculares, pero tal es nuestro intento y nuestra ilusión. Quiero decir también que si una norma de convivencia vale para trece, pues mejor que otra que vale para doce. Ya llegará el momento de defender los intereses propios, de nuestra familia o de nuestra gente. Pero ésa es una lucha que debe emprenderse con el conocimiento en la mano.

En un intento de que la realidad no se aleje de la idealidad, la ciencia exige como tercer principio el *dialéctico*. Según este principio, todas las verdades científicas deben renovar continuamente su vigencia frente a su último juez, la experiencia. Un cambio de verdad realizado por este procedimiento no es nunca una traición a nada, excepto quizás a los propios intereses. Pero tales intereses se negocian usando la nueva verdad, no para fabricarla. El deber diario de un científico no es adorar a su maestro, sino, con todos los respetos, derribarle. Un físico cambia su sarta de verdades con alegría, a un psicólogo le cuesta algo más, y un político incluso suele presumir de la antigüedad de sus afirmaciones.

Hay que admitir que la democracia es el sistema más científico de todos los sistemas políticos. De hecho, no es una casualidad que todos los dictadores acaben considerándose a sí mismos en misión divina para organizarnos la convivencia. Pero el método de la revelación puede con nosotros. Las enormes fotografías de los candidatos, sus símbolos y frases hechas trufando nuestra realidad durante cualquier campaña electoral, nada tienen que ver con la objetividad, la inteligibilidad y la dialéctica, sino con un intento descarado de *revelarnos* a quién debemos votar. He aquí una práctica común de sistemas políticos tan diversos como la China de Mao, el Irak de Sadam Hussein, la URSS en cualquier momento de su historia o los Estados Unidos durante cualquiera de sus carreras presidenciales. Un científico no es, en nada, más noble que un político. Pero hay algo que quizá no se nos haya ocurrido todavía: probar el método del científico para enriquecer la tarea del político. No se trata de acabar con las creencias, se trata de no privarlas de los principios del método científico. De hecho, la investigación científica también empieza siempre con creencias. De lo inverso, ya nos hemos percatado. Hacer ciencia es hacer política. Los logros científicos, sus riesgos y beneficios nunca estarán están exentos de responder a la ética, a las ideologías y a las tradiciones.

Son muchos los que se sonreirán pensando que el motor de la infamia humana nada tiene que ver con el conocimiento revelado, sino con otros asuntos que, al final, siempre se reducen a intereses de índole económica, y que la revelación no es más que un instrumento o una excusa. Bien, quizá sea así. Pero en ese caso, y seguramente solo en él, la sugerencia de aplicar el método científico a la convivencia ni siquiera es discutible.

14
Primero conocer, luego todo lo demás

Mi amigo Jean-Marc Lévy-Leblond me llama por teléfono para pedirme un texto para su heroica revista Alliage. *Es físico, fue el gran animador de un museo científico en Niza, es profesor universitario, fundó y dirige una colección de pensamiento científico en Le Seuil, fundó y dirige la revista* Alliage, *es un atento consumidor de arte, es un gran humanista, es un provocador intelectual, me lo encuentro con mucha frecuencia en los foros europeos... Todo en él me es enormemente próximo.*

Nací, como tantos españoles, en 1948: todavía quedaban veintisiete años de aburrimiento. En aquella época éramos muchos los que creíamos que el cosmos se dividía en dos partes: España y el resto del universo. Curiosa partición del espacio-tiempo por cierto, pues el tiempo sólo parecía correr fuera del país. Aquí la historia se había detenido. La vida cotidiana era espantosamente previsible en todos los aspectos. Un reloj o un calendario nos parecían artilugios llenos de sarcasmo que se reían de nosotros mientras medían con exactitud y fidelidad un tiempo sin cambio.

Vale la pena detenerse en el porqué y en las consecuencias de aquella atmósfera de tedio colectivo, no vaya a ser que todavía la estemos respirando, que vuelva, que nunca se haya ido..., no vaya a ser que aún cubra la mayor parte del planeta.

Ya lo hemos dicho: *en la ignorancia ciudadana del conocimiento científico y, sobre todo, en la ignorancia del lla-*

mado método científico se hunde una de las raíces más trágicas y patéticas de la condición humana.

Intentaré convencer de ello en tres brevísimos capítulos.

Capítulo primero

El conocimiento es sin duda la aportación más clara del hombre a la evolución biológica, y al desarrollo de tal función debe el hombre su «éxito» en el planeta. ¿Qué es conocimiento? Partamos de dos fuertes hipótesis de trabajo iniciales:

(1) Existe la realidad
(2) Existe(n) la(s) mente(s)

entonces Conocimiento es todo aquello que

(1) Es una representación mental (más o menos fiel) de la realidad.
(2) Es posible su transmisión (más o menos fiel) a otras mentes por vía no genética.

El método empleado para construir conocimiento define las distintas clases de conocimiento. Hay, pues, en principio, un número indefinido de tipos de conocimiento. En *Ideas sobre la complejidad del mundo* (Tusquets Editores, Barcelona, 1985) intenté demostrar que, de hecho, sólo se dan tres formas relevantes. O equivalentemente: cualquier conocimiento es el resultado de la combinación ponderada de la utilización de tres métodos, digamos, puros:

1. El conocimiento científico, basado en la exigencia del máximo grado posible de tres incómodos principios: (*a*) objetividad, (*b*) inteligibilidad y (*c*) dialéctica experimental. El conocimiento científico sirve para prever el paso de un cometa, para construir una herradura...

2. El conocimiento artístico, basado en el asombroso único principio de que ciertas complejidades infinitas, no necesariamente inteligibles, son transmisibles a través de una representación finita (una partitura, un cuadro, una mueca).

3. El conocimiento revelado, basado en dos eficaces principios: (*a*) existe un ente propietario del conocimiento de toda la realidad y (*b*) tal ente tiene a bien (a veces) revelarnos (parte de) su conocimiento. Es la religión, esa rara inspiración, la superstición...

A modo de ilustración informal digamos que el llamado conocimiento político se mueve cerca del plano 1-3, es decir, en la región *científico-divina* (con las autarquías fascinadas por el eje 3 y las democracias buscando el 1 como pueden; no es casual que muchos dictadores acaben creyéndose enviados por la divinidad y que divina es su misión entre los mortales: «por la gracia de Dios» gustaba de escribir Franco en sellos y monedas). Digamos también que Picasso y Darwin solían merodear por el plano 2-1, es decir, por las inmediaciones de la región *artístico-científica*, y que Van Gogh o Kafka sufrieron no muy lejos del plano *artístico-divino* 2-3. Digamos que los tres métodos han sido consagrados por la historia y que los tres son, así en abstracto, lícitos y útiles, pero digamos también que, una vez definido el objetivo de un cierto conocimiento particular, algunas «recetas» resultan altamente sospechosas (administradores públicos demasiado divinos), inquietantes (constructores de puentes demasiado artistas) o turbadoras (amantes demasiado científicos).

Capítulo segundo

Tras miles de millones de años de evolución biológica, la selección natural ha consagrado unas pocas e importantísimas funciones básicas como la alimentación, la respiración o la reproducción. ¿Cómo se las ha arreglado la evolución para que las criaturas de este mundo no se olviden de beber y de comer, de respirar o de dejar copias a tiempo para la continuidad de la especie? La cuestión no es en absoluto trivial. En efecto, como todo el mundo sabe, la materia, y la materia viva no es una excepción, es esencialmente perezosa y tiende siempre a las situaciones de mínima energía. Lo que ha ocurrido es que ciertos fuertes estímulos han sido seleccionados para garantizar esas importantes funciones: hambre y sed para la alimentación, potente requerimiento para la defecación, la micción o la respiración, y un no menos eficaz estímulo sexual para la reproducción. Dicho de otro modo, aquellas criaturas nacidas «inapetentes» en alguno de estos sentidos... hace ya tiempo que han desaparecido. Esos estímulos, a la vez urgentes y no exentos de ciertas promesas de goce, parecen condición necesaria para la continuidad de la vida. Pues bien, a nosotros, la especie humana, nos ha tocado vivir una auténtica efeméride transhistórica. Hemos, si no inventado, sí consagrado el conocimiento como una función útil para la supervivencia. Gracias al conocimiento hemos conquistado el planeta a una velocidad de vértigo: no hace ni cien mil años que hemos accedido a él. Atención: cien mil años de *conocimiento* frente a cientos de millones de años de *respiración aérea* y frente a miles de millones de años de *sexo* y *alimentación*. ¿Qué ha ocurrido? Pues que la selección natural aún no ha tenido tiempo de trabajar a favor del conocimiento para consagrarlo con algún estímulo a la vez urgente y placentero. Hemos llegado al centro de la cuestión: *todavía no se ha consolidado, a nivel de toda la especie humana, nada que merezca llamarse sed de conocimiento*

Y así nos va. El momento es crítico a escala biológica. Nos hemos hecho adictos al conocimiento y la selección no nos ha regalado todavía un estímulo que lo consagre. Mientras eso ocurre, si es que ocurre algún día, sólo hay una solución: regalarnos a nosotros mismos estos estímulos.

Capítulo tercero

Es verdad, he exagerado. Basta revisar brevemente la historia de la humanidad para constatar que, curiosamente, las civilizaciones más remotas e independientes entre sí tienen creencias sobre el más allá, dioses, ritos y toda clase de objetos y representaciones artísticas, junto con armas, útiles y prácticas protocientíficas. Según ciertos autores, en los últimos sesenta mil años han emergido unas cien mil religiones. Maticemos entonces a la luz del capítulo primero. Existe, sí, cierto fuerte estímulo innato para con el conocimiento de tipo revelado. ¿Cómo si no resulta tan difícil encontrar rastros de un grupo humano que no exhiba un culto a cierta divinidad? Existe, también, un cierto, no tan fuerte, estímulo para con el arte. Esto permite situar la cuestión en su justa medida: lo que no existe es, sobre todo, un estímulo que favorezca la práctica espontánea del método científico.

Esta situación nada tiene de extraña. Si las funciones metabólicas tienen miles de millones de años de antigüedad, si el conocimiento en sus versiones artística y divina apenas data de unos cientos de miles de años, resulta, por otro lado, que el conocimiento científico, tal como hoy lo entendemos (¡el que más nos afecta a nivel individual y colectivo en nuestra vida cotidiana!), cuenta tan sólo con unos pocos siglos (!).

Y así nos va. Unos pocos individuos producen, a gran velocidad, cantidades ingentes de conocimiento científico que paga, sufre y disfruta la humanidad entera. Tal contradicción se agiganta a cada minuto por dos razones. La primera es obvia: ¿cómo puede influir en su futuro un ciudadano de una sociedad democrática marcada por la ciencia si su formación científica no equivale ni a la que regía durante la Edad Media? Necesita estímulos. La segunda no es tan obvia. El ciudadano moderno suele echar mano, ante cualquier complejidad, de los métodos tipo artístico y tipo divino, para los que sí tiene ciertos estímulos naturales. Su recetario está claramente incompleto. Pensemos, por ejemplo, en algo tan frecuente, y a la vez tan complejo, como comprender al prójimo (al familiar, al de familia ajena, al de otro barrio, otra ciudad, otra región, otro país, otro continente, otra cultura, otra religión, otra raza...). La historia de la humanidad es la historia de la intolerancia. Y lo que se necesita no es sólo tolerancia, sino la aceptación del prójimo. El método científico, que no los científicos, quizá pueda ayudar a ello. Éste método, que —insistamos— ni siquiera los científicos aplican fuera de su oficio, es el único que cambia la verdad cuando ésta ya no es compatible con la observación del mundo, el único para el que todo es revisable. Los estímulos científicos son, pues, doblemente necesarios, para la ciencia misma y para todo aquello que, aun sin ser ciencia, pueda beneficiarse del método científico.

Conclusión

Hemos empezado estas líneas con una cita de la larga dictadura en España. Por aquel entonces el aburrimiento y la miseria del conocimiento era ciertamente agudos. Una dictadura, por ligera que parezca, castra gravemente la consecución de los dos pilares del conocimiento: hacerse una representación de la realidad del mundo con la propia mente y, caso de que eso se consiga, la posibilidad de transmitir esa representación a otras mentes. Liberado de aquel sistema, el país despertó y, para ilusión de tantos, recupera el tiempo perdido. Superada la patología aguda, acaso hayamos alcanzado ya el buen nivel «occidental» de patología crónica. Porque ahora compartimos la libertad para hacer y conocer ciencia con la misma falta de estímulos de todas las sociedades más desarrolladas y avanzadas. Los medios de comunicación no estimulan la creación de «opinión científica» quizá porque tal cosa no se produce ni siquiera en la comunidad científica.

He aquí la gran conclusión: el conocimiento de la ciencia y de su método es una necesidad que debe centrarse sobre todo en crear los estímulos que hasta ahora nos ha negado espontáneamente la naturaleza. Se trata de un buen criterio para probar por parte de los responsables de esos medios que, aunque por fortuna probablemente equivocados, existen.

Se trata de un buen criterio para los suplementos de ciencia de la prensa diaria, la ciencia en la información general, los programas de televisión o radio, los audiovisuales, el cine, las revistas de divulgación de todo nivel y alcance, las colecciones de textos de toda índole, los planes de estudio en escuelas y facultades (en particular las no científicas), las bibliotecas especializadas en ciencia general y, sobre todo, los centros no académicos dedicados a diversos temas científicos. Todas esas estructuras ya existen en España como en otros muchos países de Europa; muchas de ellas son incluso pioneras a nivel internacional; pero también de carácter internacional es el hecho de que muchas hayan empezado a degenerar sin haber intentado siquiera la transmisión de esos estímulos de conocimientos científicos. Los museos o centros de ciencia, que en su versión moderna tienen vocación de estimular científicamente al hombre de a pie, todavía son pocos y resisten con dificultad las tentaciones hacia el *show bussiness*. Y una idea para ese tipo de centros: además de exhibir los resultados (sobre todo los deslumbrantes) de la ciencia, no estaría de más hacer lo mismo con los detalles del método de la ciencia.

Mi reflexión final es de orden ideológico. Las desigualdades entre los hombres son descomunales y siempre se ha considerado que la solidaridad pasa primero por dar de comer y luego quizás, un día, por dar conocimiento, que puede llegar a ser, quizás otro día, incluso conocimiento científico. En fin..., se piensa con frecuencia que no todo el mundo está preparado para la libertad y para el conocimiento. A lo mejor se trata de un enorme error. A lo mejor el conocimiento y la libertad no son en absoluto aplazables ni a condición de nada previo. A lo mejor no es mala idea ensayar una (¿nueva?) hipótesis de trabajo. La izquierda en política está hoy un tanto confundida y desorientada, pero todavía responde, creo, a una definición genérica: el conjunto de aquellos que piensan que es prioritario conseguir el máximo de bien posible para el mayor número de gente posible. Tampoco parece disparatado entonces que la (¿nueva?) izquierda haga suya la idea de difundir el conocimiento científico y, sobre todo, la de prestigiar el hábito de la práctica del método científico a la hora, justamente, de inspirar la convivencia humana.

15
Dios, ciencia y democracia

Supongamos que dudo tanto que sólo estoy seguro de mi propia existencia. Bien, pues eso es estar seguro de muchas otras cosas. La existencia de la propia mente implica la existencia de al menos un mundo ideal: el conjunto de todas aquellas cosas que puedo llegar a imaginar. En particular, ciertas cosas no sólo son imaginables sino que, además, han sido finalmente imaginadas. Es un mundo mental. Y también hay que decir que parte de ese mundo es, además, predecible por los sentidos, es el mundo experimental. La experiencia es el mundo más fácil de compartir. Pero el mundo mental, el conjunto de todas las cosas imaginables que han sido imaginadas por lo menos una vez, es infinitamente complejo. Y la infinitud atemoriza al alma. La realidad sume al alma en una descomunal soledad. Las mentes tienden por ello a compartir su realidad, pero nada infinito es compartible eficazmente en el espacio y el tiempo. Hay que simplificar. *Conocimiento* es la representación (finita) de cualquier realidad (infinita). El conocimiento es siempre una aproximación. Cuando la simplificación es obvia se utiliza el método *científico*, cuando es imposible se acude al método *divino* (en cualquier otro caso intermedio siempre se puede probar con el método *artístico*).

El método divino se basa en la existencia de la divinidad. Hasta aquí no hay nada que objetar. La divinidad existe. En cierto sentido incluso existe tautológicamente. Los hombres se dividen en dos clases: los que creen más bien que el hombre está hecho (por Dios) a imagen y semejanza de Dios y los que creen más bien lo inverso, es decir, que es Dios el que está hecho (por el hombre) a imagen y semejanza del hombre. En otras palabras, admitir la existencia del hombre implica admitir la existencia de la divinidad entendida o bien como el *Creador* del hombre o bien como un *creado* del hombre. La divinidad es en cualquier caso el Sujeto del conocimiento divino. Pero el conocimiento divino influye, a su vez, en la vida y en la convivencia de los hombres. Y está claro: no se puede negar la existencia de nada que influya sobre lo existente. El principio fundamental del método divino para producir conocimiento es único y transparente: el conocimiento es de la divinidad y ésta tiene a bien revelarlo a los hombres; la divinidad simplifica la realidad para nosotros. Hasta aquí el principio, todo lo demás son consecuencias deducibles de los atributos de la divinidad. De la infalibilidad de la divinidad se deduce, por ejemplo, que el conocimiento siempre es compatible con la experiencia, su unicidad es garantía de coherencia y su vastedad garantía de completitud. El conocimiento obtenido por vía divina, por definición, no cambia. Si la divinidad es el *Creador*, entonces sigue sin haber objeciones. Pero resulta que los creyentes más acérrimos reconocen aspectos *creados del Creador* y, sobre todo, consideran *creado* a todo *Creador* no verdadero, es decir, a todo aquel que no sea isomorfo con el propio. Y claro, si la divinidad es creada, el principio de la revelación se convierte en un verdadero sarcasmo. El conocimiento divino siempre es verdadero por definición, pero, ¡ay!, existe una inflación de conocimientos falsamente divinos que devalúan el mercado del conocimiento. Es aquí donde asoman las primeras objeciones. La *interpretación* es un concepto inventado para salvar el conocimiento divino de sus desajustes experimentales. La interpretación corrige leves contradicciones de la realidad divina con la experiencia humana: matiza el conocimiento. La interpretación, liberada del método divino, puede apelar a otros métodos para producir conocimiento. La interpretación puede ser, por ejemplo, científica.

La interpretación es el margen que habitan los venerables sabios que estudian los textos sagrados. Pero ahora viene la objeción seria de verdad. Es cuando se aplica el método divino sin ni siquiera disimular que un mortal ha usurpado el papel del ente revelador. Es cuando la propia interpretación se fabrica usando, de nuevo, el método divino. Llegamos así al método de la *divinidez:* es el gran timo. Es el gran timo epistemológico de cualquier fundamentalismo religioso o político. La historia de la humanidad está preñada de esta clase de divinideces divinas.

¿Qué es el método científico? Alguien, quizás en la prehistoria, decidió, un día, renunciar a la ayuda de los dioses a la hora de conocer la realidad. Nacía así un modo de producir conocimiento que consiste en sustituir la revelación por la investigación: eso es el método científico. No hay grandes objeciones que hacerle. Después de todo, la ciencia no niega explícitamente la divinidad. Su descaro consiste, a lo sumo, en la afirmación tácita de que los dioses son prescindibles para acceder a la inteligibilidad de unas pocas partes del mundo. El creyente hasta puede incluir la ciencia entre sus creencias. La ciencia podría ser también un regalo de la divinidad, muy útil para entender la cara simple del universo, pero incapaz de plantearse la comprensión de su cara oculta y compleja. Si conocimiento es la simplificación de la realidad, la ciencia sólo simplifica lo que ya es, de por sí, muy simple. El científico rinde rápidamente sus armas ante ciertos temas de la materia viva, ante buena parte de la materia inteligente y ante la totalidad de los asuntos del alma humana. ¡Qué le vamos a hacer! El método científico para fabricar conocimiento se basa en varios principios, pero el que más interesa aquí es el principio dialéctico con la experiencia. En ciencia también hay cosas sagradas y ésta es una: toda simplificación del mundo real (todo conocimiento) debe ser compatible con el mundo experimental. Compatible significa aquí el máximo de compatibilidad posible. En ciencia, pues, todas las verdades se escriben con minúsculas: no hay verdad que no pueda ser pulverizada por el resultado de un experimento. Sólo son definitivas las falsedades. Se está seguro, en todo caso, de lo que no es; nunca de lo que es. El conocimiento obtenido por vía científica, por definición, cambia. La historia de la ciencia es una historia de cambios de opinión. Pero la ciencia cambia también nuestra propia existencia y nuestra relación con el mundo. El acto científico tiene lugar entre dos elecciones: la elección del objeto del conocimiento científico (el más grande compromiso del científico) y la de la aplicación de tal conocimiento (no hay científicos inocentes en este aspecto). Estas decisiones no siempre pueden tomarse sin salir del propio método científico. En muchas ocasiones, cada día más, hay que acudir a la consulta de otro tipo de convicciones, convicciones a las que se llega, ¿por qué no?, a través de un método de tipo divino. Tampoco hay objeciones serias a esto. Es la ideología, el margen y la limitación moral de la ciencia. El método científico es, gracias a su servidumbre experimental, menos falsificable que el divino. Pero aquí empiezan las objeciones serias. También aquí se produce una suplantación: la del método científico por parte de una supuesta autoridad científica, autoridad ganada, ésa sí, por el buen uso del método científico en otros menesteres. Es cuando científicos de bien ganado prestigio nos *revelan* verdades morales. Se trata de hecho de la divinización del sujeto científico: sin duda otra «divinidez». Es el gran timo de la divinidez científica. La historia de la ciencia está salpicada de bochornosas divinideces científicas. En resumen, ahí están dos nobles métodos para producir conocimiento con sendos residuos patológicos: el divino con su divinidez divina y el científico con su divinidez científica. Ambos métodos se ocupan en principio de objetos bien distintos; la ciencia para los simples (el movimiento de una bola de billar) y lo divino para los complejos (las venturas y desventuras del alma).

Hablemos ahora de política. ¿Cuál es el método que debemos usar para producir el conocimiento que debe servir para regular la convivencia humana? El asunto público, como objeto, parece más cercano al alma humana que a una bola de billar (o incluso que a las redes neuronales, tan de moda en la física moderna). Es cierto. Pero también es cierto lo siguiente: el hombre y su red de interacciones con el entorno (en el que por cierto habitan los demás hombres), fundamentalmente, cambia. Los seres humanos quizá vivan en el mundo mental, pero lo que es seguro es que conviven en el mundo experimental. Los seres humanos, al interpretar a la divinidad, se equivocan en direcciones nada arbitrarias. La justicia y la libertad dependen con frecuencia de aspectos asombrosamente simples de la cultura humana... Por todo ello no debería descartarse, como hemos dicho en capítulos anteriores, el método científico en política. Sólo conozco un sistema que pretenda asegurar que el conocimiento político sea, en lo posible, objetivo, inteligible y compatible con la experiencia: la democracia. Sólo la democracia ofrece ciertas garantías de sensibilidad del conocimiento respecto de la evidencia experimental. Las evidencias que siempre hemos leído en los libros de historia y que cada día leemos en los periódicos sugieren que el método científico debe seguir abriéndose paso en el asunto público. Siempre habrá pensadores y analistas de tales evidencias que opinen lo contrario, que descubran que ahora le toca de nuevo al conocimiento divino. Que no vale la pena repensar ciertos valores eternos. Que otras y muchas personas más inteligentes que uno ya hace tiempo que dieron con la verdad. Ellos también hacen insensatos guiños a la negación de la evidencia, como aquel marido genial de la comedia de Walter Matthau que negaba a su mujer la evidencia de haber sido sorprendido en pleno adulterio, mientras él y su amante se vestían tranquilamente, la amante se marchaba en silencio y la mujer optaba por dudar de sus sentidos y por ir a preparar la cena con un suspiro de resignación.

III
Sobre conocer y dar a conocer

16
Ciencia, arte y revelación

En un congreso de física en Tbilisi, Georgia, conocí en 1981 a un, por aquel entonces tan joven como yo, colega austríaco. Era Erich Gnaiger y teníamos mutua referencia sólo a través de nuestras respectivas publicaciones científicas. En la primera excursión, nos tocó sentarnos juntos en el autocar. A los pocos minutos nos señalábamos el uno al otro con el dedo índice muertos de risa: ¿Wagensberg?... ¡Gnaiger! La conversación giró en torno de las conferencias que Erwin Schrödinger diera en Dublín después de la guerra y que acabaron siendo auténticas profecías del devenir de la ciencia. Gnaiger fue, trece años después, el encargado de organizar el cincuenta aniversario de las celebérrimas conferencias en su país natal. No había olvidado aquella magnífica excursión por las peladas montañas verdes georgianas y me invitó a Viena a hacer una aportación. Se publicó en el volumen 3 del Modern Trends in BioThermodynamics, *Innsbruck University Press, 1994.*

Erwin Schrödinger era un pensador de grandes intuiciones. Muchas de ellas, como es sabido, acabarían consolidándose como importantes descubrimientos, teorías e incluso nuevas disciplinas científicas. Lo que sigue procede también de las intuiciones de Schrödinger: propone una definición del propio *método científico*, de sus limitaciones y de la sospecha que clasifica las distintas formas relevantes del concepto general del conocimiento.

El estímulo del conocimiento

Supongamos una mente que percibe alguna parte del mundo, es decir, alguna complejidad. La simple percepción de una complejidad podría producir alguna perturbación de la mente. Esto es el estímulo inicial. Diremos que *la mente produce conocimiento cuando crea una imagen de la complejidad*. Ya tenemos una definición, y he aquí el primer corolario: el conocimiento es necesariamente finito mientras la complejidad, según cabe presumir, es infinita.

Ahora concentremos nuestro interés en el propio proceso de la construcción del conocimiento, en el hecho de proceder a crear imágenes, en el método. El camino a seguir depende en gran parte del *grado de complejidad* involucrado en cada caso determinado. No es preciso establecer una medición precisa de la complejidad para poder aceptar que existen distintos grados de complejidad. Una línea recta, una molécula, un cristal, una célula, un cerebro, una pasión y el espíritu son símbolos del lenguaje relacionados con acontecimientos de complejidad creciente. Por lo tanto, la ciencia se ocupa de los niveles más bajos de complejidad. Cuanto más sencillos son los objetos de conocimiento, más lejos van las distintas disciplinas científicas, más duras, más rigurosas, precisas y prestigiosas son. Por esta razón, la ciencia empezó considerando la complejidad como una excepción que ocultaba la verdadera regla: la sencillez. Desde este punto de vista, podríamos decir tal vez que cualquier otra forma de conocimiento es la alternativa a la impotencia del conocimiento científico, su continuación por otros medios. Mencionemos dos casos.

El arte es una forma de conocimiento porque pretende crear imágenes de acontecimientos del mundo; además, es una forma que acepta tratar una complejidad como, por ejemplo, la pasión amorosa. ¿Quién es capaz de determinar la biofísica-química-matemática del amor? El conocimiento de origen divino se dedica, por ejemplo, a las vicisitudes del espíritu. ¿Y quién se atreve a determinar la biofísica-química-matemática del espíritu? El objeto de este trabajo es expresar una fuerte sospecha referente a estas tres formas de conocimiento. Pero no nos precipitemos. De acuerdo con lo que entendemos por conocimiento, ahora definimos la esencia de las formas científica, artística y divina. En efecto, se trata de identificar los principios fundamentales que dichos métodos presuponen tácitamente.

La ciencia

Hoy en día, con toda la perspectiva histórica delante nuestro, a mí me parece que el método científico está basado en tres principios fundamentales, *(1)* el principio de la *objetivación* del mundo; *(2)* el principio de la *inteligibilidad* del mundo; y *(3)* el principio de la *dialéctica* entre las mentes y el mundo.

Schrödinger escribió páginas brillantes en *Mente y materia* con referencia a los dos primeros principios. El principio de la objetivación es el principio de la separabilidad entre la mente y la materia, entre la entidad creadora de conocimiento y la entidad objeto de conocimiento, entre el sujeto y el objeto, entre el observador y lo observado, entre el pensador y el pensamiento. Según Schrödinger, se trata de un principio equivalente a la *hipótesis del mundo real,* y esto, a su vez, implica la siguiente simplificación: el pensador se aparta con su propio yo hasta lograr convertirse en una entidad exterior al mundo y, por tanto, no involucrada en él. La mente crea conocimiento objetivo y se relega a sí misma a la categoría de pura anécdota. A cambio de esta exclusión altruista del mundo que representa, la mente crea conocimientos universales, es decir, una imagen del problema de la complejidad que sea accesible a cualquier otra mente. En otras palabras, la mente es el creador del mundo material y del conocimiento científico, aunque dentro de este conocimiento, en el trabajo acabado, no es más que un accesorio marginado e insignificante que se puede eliminar sin que el efecto total pierda ni la más mínima parte del mérito. El principio de la objetivación legitima la suposición de que no queda nada del pensador en lo pensado, de que el hecho de pensar no afecta el estado de lo pensado: en definitiva, de que la ciencia es independiente de las vicisitudes de los científicos. Este principio no se deduce de planteamientos previos; el que sea verdad no es demostrable. Incluso puede que sea falso, y algunos proclaman su falsedad, haciendo alarde de otros principios. Por eso precisamente se trata de un principio que podemos o no asumir. La ciencia lo asume. Y no se puede decir que le haya ido mal. Este principio ha dado lugar a la ciencia acumulada hasta ahora, y nadie duda de su reputación, si bien de él se derivan algunas paradojas. Citemos un ejemplo de un pasaje espléndido de Galeno, en el que Demócrito enfrenta el *intelecto* y los *sentidos* en un debate sobre lo que es real. El intelecto dice: «Al parecer, el color, lo dulce, lo amargo, existen; en realidad, existen únicamente átomos y vacíos». Responden los sentidos: «Pobre intelecto, eres un desgraciado. Te hemos proporcionado pruebas de ti mismo, ¿y ahora quieres derrotarnos? Tu victoria es tu ruina».

Es muy posible que los tan astutos sentidos tengan razón. El error cometido por el intelecto consistió en llevar demasiado lejos el principio de la objetivación, esto es, a unos niveles de complejidad excesivamente elevados donde el sujeto y el objeto se entremezclan, donde la mente quiere saber cosas de sí misma.

El segundo principio del método científico es el principio de la *inteligibilidad*. Se trata del apoyo inicial del científico. Su fe principal necesita basarse en el hecho de que *la naturaleza puede ser entendida*, que el mundo es inteligible. Una discusión rigurosa sobre la idea de la inteligibilidad nos obligaría a diverger. Una complejidad es inteligible si es posible comprimirla dentro de una cierta eventualidad, en otras palabras, si la propia idea no es una representación del azar. En este sentido, como hemos dicho, la *comprensión* es la capacidad de *compresión*. Por ejemplo, un proyectil dentro de un campo de gravedad traza una parábola. Cien mil posiciones de dicho proyectil, cien mil observadores, podrán reducirse sencillamente a las leyes de Newton y algunas condiciones iniciales o, si se quiere, a la breve ecuación matemática de una parábola. Además, esta compresión, esta comprensión, nos permite predecir cualquiera de las posiciones del proyectil. El proceso es inteligible. (Curiosamente, cabe destacar que lo que sí es ininteligible son las propias leyes de Newton, esto es, el casualismo de la causalidad última). Por otra parte, los resultados de la liga de fútbol de cualquier domingo son ininteligibles. No hay reducción posible. El modo más compacto de dar los resultados son los propios resultados. Tampoco hay inducción capaz de realizar predicciones. Hay el azar, y no la ciencia. En la ciencia, si una empresa fracasa, si no logramos entender alguna complejidad, el principio de la inteligibilidad nos dice que la culpa es nuestra. No existe excusa alguna para no volver a intentarlo, para elegir otro camino, para inventar otra cosa. El principio —como cualquier principio— tampoco es demostrable; por este motivo tuvo que ser inventado primero y asumido a continuación. La ciencia es la única forma de conocimiento que declara que acepta este principio, no como otras formas que —tómese buena nota— incluso nos invitan a adoptar el principio opuesto: que existen ininteligibilidades, existe el misterio. El científico, en el fondo de su espíritu, en sus momentos de reflexión metacientífica, secretamente se permite dudar (bastante más en el caso del científico veterano que en el del investigador joven y agresivo), si bien una vez más adopta tal actitud para lograr ganar la dosis mínima de positivismo necesaria para poder abrir la puerta del laboratorio, biblioteca o aula. Sin embargo, es una actitud que tortura al científico sensible. ¿Por qué demonios todo tiene que ser inteligible? Nuestro corazón se encoge cuando acabamos de mirar a través de un telescopio astronómico. Al fin y al cabo, la mente humana no es más que un acontecimiento diminuto del mundo: ¿puede uno estar seguro de tener la facultad de conocer cualquier otro? Tenemos una sensación parecida cuando miramos a través del microscopio electrónico.

Los dos principios mencionados son precisos para poder construir conocimientos científicos, pero me temo que no sean suficientes. Hace falta un criterio de demarcación para delimitar la competencia de las cosas científicas, criterio que permite establecer un tercer principio, principio que se convierte a su vez en el motor del avance científico. Se trata del principio de la falsabilidad de Popper y del que podríamos llamar principio *dialéctico*.

El indeterminismo es una actitud científica compatible con el progreso en el conocimiento del mundo. Y el determinismo es una actitud científica compatible con la descripción del mundo.

El indeterminismo es la actitud del científico creador, es decir, el científico que se fija el objetivo de hacer inteligible un número finito de acontecimientos a partir de cualquier teoría (esto es, considerando el conjunto en principio abierto e infinito de todos los conocimientos posibles). El creador trabaja mientras algo sea ininteligible y entra en crisis cuando todo es inteligible. Esta última afirmación es la única definitivamente enunciable, dado un conjunto finito de acontecimientos y el conjunto infinito de conocimientos.

El determinismo es la actitud del científico aplicador, es decir, el científico que se fija el objetivo de hacer inteligible cualquier acontecimiento, equipado con un patrimonio finito de conocimientos (aquellos facilitados por el creador, por ejemplo). El aplicador trabaja mientras todo sea inteligible y entra en crisis cuando algo resulta ininteligible. Aquí, esta última afirmación es la única definitivamente enunciable en un mundo de conocimientos finitos y acontecimientos infinitos.

Se trata, por lo tanto, de dos proyectos de investigación semiuniversales que se resuelven mutuamente en los momentos de crisis. La dialéctica creación-aplicación nos permite hablar de un proyecto de investigación universal como consecuencia del cual los conocimientos pueden avanzar.

Arte

Me llama la atención una preocupación referente a una complejidad tan enorme que cualquier proyecto de representación científica es impensable. Por ejemplo, una pasión amorosa. Quisiera considerar esta preocupación, darle forma, proyectarla, hacer una imagen de ella. He aquí algunas alternativas: empiezo a correr, aumento mi velocidad, hago una asombrosa voltereta doble y aterrizo con los brazos extendidos y una gran sonrisa, o canto, bailo, recito, escribo, pinto o fabrico algún objeto... por tanto, no existe una solución única. Y la vía que elijo para representar mi particular complejidad depende sencillamente de mis habilidades mayores o menores.

¿Qué pretendo conseguir con esta manera tan extraña de tratar la complejidad? ¿Qué finalidad tiene este extraño conocimiento? Tal vez sea más fácil empezar por lo que *no* pretendo conseguir. No pretendo diseñar una teoría capaz de predecir una nueva situación de enamoramiento ni explicarla a partir de algunos datos. Quiero, es bien cierto, crear una imagen del acontecimiento, pero no sostengo que esta imagen sea independiente de mis mecanismos mentales ni quiero enunciar proposiciones. Su inteligibilidad no me preocupa. Tampoco es mi intención estudiar las observaciones de forma pormenorizada ni acumular experiencias. Casi al contrario, me gusta que mi mente sea la protagonista del conocimiento que voy a hacer. La ininteligibilidad y la complejidad del acontecimiento objeto de mi interés constituye la garantía de que mi proyecto no sea frustrado por otro (científico-filosófico) como el comentado anteriormente. Además, aprecio el frescor de la información bruta que me invade de manera espontánea, y en principio la considero suficiente. Si no, me niego a comprometerme con otros programas de observación. Mi proyecto no empieza con método alguno. No impongo limitaciones iniciales en la manera en que capto la complejidad; al contrario, me lanzo directamente sobre ella para componer una imagen finita de su infinidad, para obtener una proyección sencilla desde la que esta complejidad sea reducible, cuando conviene. De esta manera llegamos a lo que realmente pretendo conseguir con este segundo procedimiento. Ahora no se trata de que la complejidad sea inteligible, sino sólo aproximadamente recuperable. ¿Recuperable para quién? Evidentemente los términos reducible y recuperable se refieren a mí mismo. La misión de este conocimiento finito es activar, tal como una señal, mis mecanismos internos que *gritan* una vez más la complejidad original. Se trata, por tanto, en principio y fundamentalmente, de la autocomunicación: he creado una imagen mediante la cual mi mente comunica consigo misma. Ahora la cuestión es: ¿sirve esta representación para comunicar a otras mentes mi particular complejidad? Dada una imagen construida por una mente, ¿no existe por lo menos otra que —ante su contemplación— sea capaz de deducir la complejidad original? Y es aquí precisamente, en esta creencia, donde reside la única hipótesis de trabajo de este segundo procedimiento. ¿Por qué no lo llamamos arte? El arte es una forma de conocimiento cuyo método se basa en un único principio: *el principio de la comunicabilidad de complejidades ininteligibles.*

Esta creencia, pues, sería la hipótesis fundamental del arte. El arte es una forma de conocimiento (tal vez la más afanosa y animosa en función de la complejidad del mundo) que se refiere a dos mentes. El acto artístico es esencialmente un acto binario, y su consumación, para un científico, es un extraño milagro, porque una punta claramente insuficiente es capaz de arrastrar una infinitud. No es menos así por el simple desplazamiento de una inteligibilidad, si bien facilita aligerar la inquietud. Una mente aprende, mediante el arte, que no está sola en relación con una determinada complejidad. Entonces, la emoción y la complicidad son grandes.

Revelación

La ciencia me permite conocer complejidades sencillas y, a cambio de esta limitación, el conocimiento científico me sirve para guiar mi interacción con el mundo. El arte me permite conocer complejidades superiores y, a cambio de esta gratificación, acepto que este conocimiento no me sirve de mucho para guiar mi interacción con el mundo, mi comportamiento. ¿Hay una forma de conocimiento que se atreva a abordar grandes complejidades y que sea, a la vez, aplicable a nuestra vida diaria? Imaginemos una complejidad como la mente, la naturaleza humana o el espíritu. El conocimiento universalmente aplicable debe ser objetivo e inteligible, pero ¿dónde se sitúa la mente para verse objetivamente? ¿Cómo puede una complejidad ser inteligible para otra que es por lo menos igualmente compleja? ¿Existe una salida rápida y drástica que permite evitar ambas dificultades? Esto da paso a una tercera forma de conocimiento: el conocimiento divino, digamos, una nueva forma basada en tres principios: *(1)* la existencia de un ser externo al ser humano y para quien todo es objetivo, y *(2)* para quien todo es inteligible; *(3)* la suposición de que este ente quiere darnos (revelarnos) su conocimiento.

Existen la objetividad y la inteligibilidad, pero son de Dios: no son requisitos para el ser humano, hay un misterio. El ser humano acepta o no el principio, es o no es creyente, tiene fe o no la tiene. El criterio de demarcación de las cosas divinas plantea el universo en su totalidad y su historia, y así pierde su razón de ser. No existe dialéctica alguna que sea de interés para el progreso (¿?) del conocimiento divino. Ningún acontecimiento del mundo puede contradecir el conocimiento divino. Las religiones o las intuiciones son ejemplos del conocimiento divino.

La sospecha

Aunemos nuestras fuerzas. Tres formas de conocimiento han sido definidas por sus principios fundamentales respectivos. Y cada forma, debido a sus propios principios fundamentales, es una forma pura. En otras palabras, las tres formas son diferentes, disyuntivas e independientes. Sin embargo, evidentemente las regiones naturales mencionadas son habitadas por una continua profusión de otras complejidades que no pueden ser abordadas por alguna de las tres formas. La mente (y sus manifestaciones) representa una complejidad de localización poco clara. Por tanto, a mí me parece que ha llegado el momento de revelar mi sospecha: que no existe la cuarta forma de conocimiento puro. En otras palabras, cualquier forma de conocimiento es una combinación de estas tres formas puras.

Confirmar lo que sospecho sí implicaría que toda complejidad debe ser tratada por una combinación lineal de las tres únicas formas de conocimiento puro. El espacio (el método) de conocimiento tiene, de acuerdo con esta idea, tan sólo tres dimensiones, por lo que cada forma de conocimiento es representable en este espacio por un punto, cuyas coordenadas no son más que el peso aportado por cada una de las formas puras. Por ejemplo, cuando la filosofía anuncia que se ocupará de todo, se da permiso para pasear por todos los rincones de este espacio. Según el espacio que frecuenta, un pensador puede llegar a ser más científico, más artista y —quién lo diría— más iluminado. Y esto puede que esté muy bien, por ejemplo, si reflexiona sobre la materia, sobre la belleza, sobre el cielo. ¡Respectivamente! Algunos conceptos circulan de manera justa, indistinta y enriquecedora por todo el espacio de los conocimientos. Por último, la confirmación de la sospecha anunciada equivale, creo, a la conquista de un buen esquema crítico. Porque establecer un área determinada para las complejidades significa establecer una región determinada similar del espacio del conocimiento. La arquitectura o el diseño se debaten para no caer fuera de un determinado sector del plano científico-artístico; algunos escritos sagrados (como la Biblia) justamente ocupan un volumen independiente cerca del plano artístico-divino, rozando el eje divino. Y algunos sabios dedicados a la interpretación de sus antecesores (teólogos, talmudistas y cabalistas) intentan desplazar este volumen hacia la abscisa científica. A lo largo de su historia, la humanidad ha luchado por su salud corporal en el plano científico-divino, acercándose poco a poco al eje científico, sin confiar, por ejemplo, en una economía con componentes artísticos o en teorías científicas de la reencarnación. Cada complejidad organiza en territorios el espacio del método del conocimiento. Algunos serán ideales, otros supersticiosos, esperanzadores, fraudulentos, ingeniosos o audaces... Así, una vez percibida una inquietud y situada dentro de una complejidad, ¿qué parte del espacio del método debería abordarse? Ésa es la cuestión.

17
Sobre el progreso del conocimiento

Una cosa es una sinfonía imaginada en la mente del compositor; otra cosa es la sinfonía escrita en la partitura, y otra la sinfonía sonando en la sala de conciertos. Una cosa es imaginar un edificio, otra dibujarlo y otra construirlo. Imaginar, representar e interpretar. Son las tres fases de la creación... donde crear es crear conocimiento (¿qué si no?).

La *imaginación* produce objetos mentales. Pero para que éstos sean comunicables a otras mentes hay que transformarlos en objetos reales. Es la *representación*. Y, en algunos casos, aún se recomienda una fase más, la tercera, la *interpretación*, que sirve para consumar la inserción del nuevo objeto, real y finito, en la realidad preexistente. El creador, el compositor o el arquitecto, aunque también interpreta, sobre todo imagina y representa. Y el intérprete, el violinista o el maestro de obras, aunque también crea y representa, sobre todo ejecuta.

Cada día hay menos excusas para que un genio de la imaginación se malogre por sus limitaciones técnicas en la representación. Hoy las partituras suenan. El compositor *imagina* un acorde, lo *escribe* en el pentagrama y, tras pulsar una tecla, lo escucha *interpretado* por la orquesta que él decida inventar. ¡No más compositores sorprendidos (feliz o infelizmente) la noche misma del estreno! Cada nuevo matiz puede ser experimentado y vuelto a matizar. Los planos se liberan de la planitud que les dio nombre. Uno puede *pasearse* por el dibujo de un edificio, entornar una ventana y probar cómo se refleja, en los muebles de madera de pino, la luz de una tarde de otoño. Todo progreso tiene sus riesgos, y es bien cierto que las nuevas tecnologías, mal usadas, adormecen la imaginación. Pero ése es, al mismo tiempo, el síntoma inconfundible de un falso progreso creativo: es cuando uno se percata de que, en lugar de pensar más, está pensando menos.

La ciencia es una forma de conocimiento en la que imaginación, representación e interpretación se estimulan, se provocan, se insinúan, se acarician, se golpean, se corrigen, se refutan y se confirman mutua y continuamente. *La ciencia, necesariamente, progresa.* Para eso está.

La imaginación depende de la condición humana, por lo que es dudoso que el progreso del arte, si tal cosa existe, se deba al progreso de la imaginación. La representación, en cambio, depende del dominio de la materia, y eso sí que galopa al son de los tiempos. El progreso del arte depende, en todo caso, del progreso de la representación. Y de la interpretación, en la que, por cierto, también participa el consumidor del conocimiento artístico. De ahí el concepto *genio incomprendido*, una idea que sólo se disuelve con el progreso de la audiencia. Por lo tanto: *el arte, aunque no necesariamente, progresa.* Nada en contra.

La religión es una forma de conocimiento en la que la imaginación se nutre de la revelación, por lo que la representación es, por sagrada, también intocable. El progreso de la religión tiene, en todo caso, el mismo estrecho margen que el de la interpretación (... donde, cuando este margen se anula, surge el fundamentalismo). Sin riesgo a exagerar: *la religión, necesariamente, no progresa.* Siempre podemos probar, eso sí, a cambiar de religión. Y aquí tampoco pasa nada.

Cada una de las tres formas de conocimiento necesita algo del aliento de las otras dos. El fastidio empieza cuando alguien quiere gobernar un país en nombre de una divinidad, cuando una vanguardia del arte se explica en nombre de la ciencia, cuando la ciencia holgazanea con la investigación...

18
Aprender a comprender en un museo de la ciencia

En enero del año 1992, bajo el impulso de John Durant y el apoyo del Science Museum de Londres, el Institute of Physics publicaba el número uno de una nueva revista de ámbito internacional. El nombre de la revista es hoy un concepto que ha hecho fortuna en la comunidad científica y en el ámbito de la cultura y la enseñanza de la ciencia. Se trata de Public Understanding of Science. *John me invitó a contribuir en el número de lanzamiento. Acababa de descubrir los museos de la ciencia y no desaproveché la ocasión.*

1. Punto de partida

Admitamos el siguiente punto de partida: la fórmula de un museo de la ciencia se basa en una creencia y en un método. La creencia: el mismo impulso que empuja a un científico a hacer ciencia es también el que empuja a un ciudadano cualquiera a interesarse por la ciencia. El método: se trata de poner al ciudadano en la piel del científico. Los tres elementos centrales de la creencia y del método son pues: el ciudadano *(1)*, el científico *(2)* y el museo *(3)*.

LA CREENCIA: ¿Qué es lo que mueve a un científico a investigar? No creo que haya que buscar razones éticas a esta pregunta. El científico no persigue ni el bien ni el mal de la humanidad. Es bastante más sencillo. El científico, como cualquier ciudadano, necesita producir conocimiento sobre el mundo para poder compartir al máximo su soledad cósmica. La ciencia se distingue de otras formas de conocimiento solamente por el método empleado para producir tal conocimiento: el método científico. ¿Hay algo en ese método que estimule la labor del investigador? El método científico tiene un protagonista: el *experimento*. Experimentar es un intento de diálogo con la naturaleza. No todas las preguntas son buenas, ni siquiera suele estar claro que deba hacerse una pregunta en concreto. Por ello no siempre hay respuesta o, al menos, no siempre hay una respuesta que sirva para producir conocimiento. Pero cuando la hay, cuando la naturaleza, de repente, responde con algo inteligible, entonces es la hora de la verdad del científico. Es el momento en el que se consuma la comunicación hombre-naturaleza, es la *emoción* del científico, comparable, por otro lado, con el momento de la emoción en arte, es decir, cuando el creador de una obra se comunica con cierto contemplador a través de tal obra. Estas emociones son, creo, los verdaderos motores del conocimiento (científico o artístico). En un museo de la ciencia se intenta conducir al ciudadano hasta ese punto. Y la esperanza de este modelo de comunicación científica consiste en creer que la misma emoción que impulsa al científico a continuar investigando impulsará al ciudadano a seguir al científico.

EL MÉTODO: ¿Cómo poner al ciudadano en la piel del científico? Un museo de la ciencia no es más que un espacio en el que se concentran emociones científicas, más o menos garantizadas, de la clase que acabamos de describir. Lo esencial es vivir esa emoción, es decir, recibir, directamente de la naturaleza, y por requerimiento propio, una respuesta. Pero ¿qué experimentos se seleccionan para un museo? ¿Cómo se plantean? ¿Cómo favorecer la consumación de la emoción? ¿Qué tipo de intervención debe tener el ciudadano? ¿Qué tipo de comprensión científica deben sugerir? Mejor aún, ¿qué significa comprender? ¿Cómo sugerir una comprensión? ¿Hay formas de comprender comunes a la mecánica, la química, la biología o la etología? En resumen: ¿cómo se hace un museo de la ciencia?

Para ser coherentes con nuestro punto de partida, podríamos replantear la pregunta en la forma: ¿qué debe tomar el museo *(3)* del científico *(2)* para ofrecérselo al ciudadano *(1)*? O bien: ¿qué parte del *método científico* puede convertirse, más o menos directamente, en *método museístico?* Nuestra propuesta es que, en lo esencial, *todo.* En este capítulo exploraremos lo que esta idea puede dar de sí.

2. *El método científico y el método museológico*

La idea es: el ciudadano en un museo experimenta como un científico y comprende como un científico. Es la idea de un método museístico que bien podría llamarse «el método de la emoción inteligible». La idea es: el método que hay que usar para hacer ciencia es el mismo que hay que emplear para comprenderla. La idea es: es lo mismo comprender la ciencia que comprender en ciencia. ¿Qué es ciencia y qué es comprender en ciencia? Ensayemos unas primeras definiciones:

CIENCIA: Es una forma de conocimiento, aquella que se obtiene mediante *el método científico,* donde el método científico tiene tres principios fundamentales: El *principio de objetividad,* según el cual el sujeto del conocimiento elige la relación más independiente posible respecto del objeto del conocimiento. El *principio de inteligibilidad,* según el cual el sujeto del conocimiento asume, como hipótesis de trabajo, que el mundo es, en algún sentido, inteligible. Deben acordarse, por lo tanto, ciertos sentidos de inteligibilidad. El *principio dialéctico,* según el cual el sujeto somete el conocimiento al careo continuo con la experiencia.

COMPRENDER (LA CIENCIA): Es la acción por la cual algo se nos antoja inteligible.

MUSEO (DE LA CIENCIA): Es un espacio en el que se concentran experiencias destinadas a provocar comprensiones científicas.

Fin de estas primeras definiciones. Los tres principios del método científico son coherentes con las hipótesis adelantadas en la introducción y sugieren ya sendas recomendaciones genéricas para un eventual método museístico.

El tercero, el principio dialéctico, recomienda la *interactividad*, el protagonismo del experimento, el tipo de relación que debe favorecerse entre el visitante al museo y la oferta de éste. Significa esto, en cada caso, la máxima interactividad posible. Y máxima interactividad significa que el ciudadano controla el mayor número posible de grados de libertad del fenómeno en cuestión, sin afectar, por otro lado, a la comprensión que se pretende transmitir. Por ejemplo, demasiada libertad de interacción puede permitir la ocurrencia de demasiados fenómenos simultáneamente. La mínima interactividad significa, simplemente, poner en marcha una experiencia de solución única (apretar un botón). El principio dialéctico confirma, por otra parte, el protagonismo (indiscutible e indelegable) del experimento: nada puede sustituir a la propia naturaleza a la hora de dar una respuesta. Para ello ya están los textos, los audiovisuales, las simulaciones por ordenador, los profesores y tantos otros métodos. El método museístico dosificará tan nobles métodos sólo como complementos a una esencia directamente interactiva. Si entendemos por *simulación* una representación artificial de lo natural, pero que funciona apelando a las mismas leyes de la naturaleza, entonces el método museístico aceptará tal simulación sin reservas. En estos casos la naturaleza sigue respondiendo sin intermediarios. Los demás, los *simulacros*, están fuera del método. Por ejemplo: un tanque de olas es una simulación, una máquina de terremotos es un simulacro.

El primer principio, el principio de objetividad, regula y

matiza la interactividad, porque también la objetividad debe alcanzar el máximo grado posible. Significa esto que el mismo acto de observar debe afectar mínimamente lo observado, que la manipulación debe respetar el acontecer del fenómeno en cuestión. Por ejemplo, no toda interacción con la materia viva garantiza que ésta siga, precisamente, viva.

En el segundo principio, el de inteligibilidad, converge el grueso de la discusión del método museístico. ¿Qué es comprender? Está claro que son muchas y muy distintas las comprensiones posibles de un mismo fenómeno. Por ejemplo: «¿por qué se ha roto el vaso?». Aquí pueden valer las explicaciones siguientes: por la atracción de la Tierra, porque era de vidrio, porque alguien lo ha lanzado, porque alguien se ha puesto nervioso, porque alguien quería ofender... ¿Qué hacer ante el requerimiento de una explicación? Según la hipótesis de trabajo de nuestro proyecto, comprender será para el ciudadano lo que comprender sea para el científico. Existen, creo, tres tipos de comprensión científica: la comprensión por compresión *(a)*, por causalidad *(b)* y por estructura *(c)*. Describámoslos brevemente:

(a) La comprensión por compresión. Se considera que un suceso es científicamente comprensible si, en algún sentido, es también compresible. Por ejemplo, la serie de dígitos 010101010101 es comprimible a la expresión: «print 01 6 veces» y, por lo tanto, también es razonablemente comprensible. Además, este tipo de comprensión permite predicciones: podemos aventurar que el próximo dígito será un 0. En el mismo sentido decimos que es comprensible la elasticidad de ciertos materiales: cientos de experimentos asociarán cientos de esfuerzos a cientos de correspondientes elongaciones. Pero tal tabla descomunal es comprimible a la afirmación de que ambas cantidades son proporcionales entre sí por una constante característica (del material y de las condiciones en las que éste se encuentra). La ecuación es la ley de Hook, y permite calcular cualquier elongación en fun-

ción del correspondiente esfuerzo, o vivecersa. La elasticidad es científicamente comprensible porque existe un modelo (la ley de Hook) que la comprime. Por el contrario, la serie 0011011010001101011001111010010110011011011 no admite una versión más compacta: es incompresible y, por lo tanto, también es incomprensible. Imposible aventurar la cifra siguiente. Análogamente, la lista de los resultados de la liga de fútbol es científicamente incomprensible, porque los propios resultados son ya la forma más compacta, son ya incompresibles. Está claro que los resultados de este año poco sirven a la hora de predecir los de la temporada que viene. Los modelos científicos, desde las más grandes teorías hasta el más humilde de los modelillos, nos satisfacen por proporcionar este tipo de inteligibilidad por compresión: la *compresión de modelo*, es decir, la compresión hasta un modelo: el mínimo con capacidad para reproducir lo experimentado. Pero hay otro tipo de comprensión por compresión. Es cuando comprimir significa reconocer la misma esencia en dos objetos o fenómenos, por lo demás, distintos. Dos objetos o sucesos se comprimen, según cierto criterio, en uno solo: *la clase*. Este segundo tipo de compresión introduce un importante concepto científico: la partición de un todo en clases: la *clasificación*. Un médico comprende cuando consigue diagnosticar a un enfermo, es decir, cuando lo clasifica. Esta forma científica de comprensión por compresión, la *compresión de clase*, también permite ciertas predicciones. En ello confía el médico (¡y el enfermo!) cuando la medicina aplica aquel principio de que «todos los enfermos de la misma clase se curan con el *mismo* tratamiento». Existen, curiosamente, avanzadas teorías de la matemática moderna basadas en este tipo de compresión de clase (la de las catástrofes, de fractales, caos...). En un sentido muy amplio, se podría afirmar que toda comprensión lo es por compresión (incluso las que siguen).

(b) La comprensión por causalidad. Se considera que un suceso es científicamente comprensible si es posible identifi-

car una o varias causas que hagan necesario el suceso en cuestión, o bien cuando el propio suceso es identificado como causa necesaria de otro suceso. El primer caso es el de la causa antecedente y el segundo es el de la causa final. La primera es la más frecuente en los casos simples del binomio causa-efecto. La segunda no significa necesariamente una relación teleológica entre sucesos, como ocurriría con la intervención de una inteligencia a modo de objeto científico. La compatibilidad con el entorno, el concepto de selección natural o ciertos rasgos del comportamiento animal se comprenden con ayuda de la idea de la causa final en este sentido. Así se comprende, por ejemplo, el triunfo de los mamíferos por la extinción de los dinosaurios (causa antecedente), o la preocupación actual del hombre por el medio ambiente (causa final). Un conjunto completo de causas necesarias y suficientes hará que, en ambos casos, el suceso en cuestión sea máximamente comprensible. El poder predictivo de la comprensión por causalidad es obvio.

(c) La comprensión por estructura. Este caso requiere dos conceptos: el *todo* y las *partes*. Depende, pues, de una partición previa del objeto o suceso en ciertas partes según algún criterio. Se dice entonces que un objeto es comprensible por estructura cuando se identifica una relación entre las partes que hace que éstas sean compatibles con su todo. Si se parte del todo, entonces la comprensión es por *análisis*; si se parte de las partes, entonces la comprensión es por *síntesis*. Mucho de lo que hoy se entiende en ciencia como *simulación* por ordenador está basado en esta idea de inteligibilidad.

3. *El método de la emoción inteligible*

Ya tenemos un método museístico razonablemente completo para aplicar a un museo de la ciencia. Cada emoción científica debe sugerir alguna combinación de las anteriores clases de inteligibilidad científica. Cualquier detalle de un experimento en un museo de la ciencia puede acudir a este método en busca de ayuda o inspiración: el sistema de manipulación, el título del experimento, el texto de apoyo, la visualización de resultados, las escalas de tiempo y espacio, las ilustraciones, la estética... Sólo la experiencia (seamos coherentes, una vez más, con el método científico) podrá legitimar esta idea. Casi todos los modernos museos de la ciencia basan el grueso de su oferta en la física. Y la física es (de ahí su prestigio de rigor y precisión) la ciencia de los objetos simples. A medida que los objetos se complican (competencia entonces de la química, la geología, la biología, la medicina, la psiquiatría...) disminuye la intensidad con la que puede aplicarse el método científico. Lo esencial del científico consiste siempre en aplicar el método con la máxima fuerza posible en cada caso. Por ello, las reflexiones expuestas aquí se hacen especialmente pertinentes, si lo que se pretende es que un museo de la ciencia incluya todas las disciplinas científicas en su oferta. También aquí se trata, en cada caso, de aplicar la proyección museística del método científico con la máxima intensidad posible. La sala del Planeta Vivo del Museu de la Ciència de la Fundació «la Caixa» en Barcelona intenta demostrar, por ejemplo, que es posible la oferta de una biología interactiva.

Hay, creo, tres clases de emociones a usar en la comunicación científica museística:

(1) La interactividad manual (en la jerga del oficio: *hands on*). La primera clase de emoción científica se basa en el experimento. El visitante manipula con sus manos la realidad para presenciar el resultado de su provocación. De aquí algunos lemas que se han hecho rápidamente populares. De nuestro museo surgió, por ejemplo, la recomendación *prohibido no tocar.* Un taller destinado a tocar animales vivos se inauguró en 1991 con el nombre «Toca-Toca»... y triunfó. Pocos años después adoptaban este nombre discotecas, tiendas de lencería, bares...

La razón está en la necesidad que tiene un cerebro de participar en el devenir de su entorno. La interactividad manual tiene su mínimo en el engaño del simplemente *poner en marcha* (un pulsador que inicia un espectáculo por lo demás totalmente pasivo). Y culmina cuando el ciudadano puede usar la respuesta de su acción como punto de partida de una nueva acción. El aspecto vicioso de la interactividad manual es cuando lo único que se busca es que el visitante, simplemente, haga algo, sea lo que sea. Por ejemplo, accionar un pulsador para iluminar un objeto que, por defecto, estaría a oscuras. Y es que la interactividad manual puede no ser gran cosa sin cierta dosis de interactividad mental.

(2) Interactividad mental (digamos aquí *minds on*). La mente del visitante experimenta un claro cambio entre el antes y el después. Tiene algún reto que la hace trabajar: una nueva cuestión (o varias) a plantear (tener más preguntas o dudas al salir de una exposición que al entrar es, justamente, una buena medida del valor de tal exposición); algo que resolver; una nueva analogía, paradoja, contradicción, idea... No hay buena interactividad manual sin un mínimo de interactividad mental. Y no hay buena interactividad mental sin una cierta dosis de interactividad emocional.

(3) Interactividad emocional (digamos ahora *heart on*). El ánimo o el humor del visitante recibe algún tipo de descarga. Puede ser simplemente estética, puede ser de índole cultural, nacional... Es el uso, legítimo, del arte para comunicar ciencia. Es cuando se usa el principio fundamental del conocimiento artístico. No hay buena interactividad mental sin una mínima dosis de interactividad emocional. En una exposición, los intervalos de tiempo disponibles para centrar la atención de un visitante son pequeños. Para que el ánimo o el humor del visitante reciba algún tipo de descarga emocional se necesita abordar su aspecto más genuinamente cultural. El objeto o suceso expositivo puede mostrar matices estéticos, éticos, mora-

les, históricos o simplemente cotidianos, que conecten con algún aspecto sensible del visitante... Es cuando el uso del arte se hace legítimo para comunicar ciencia. Es lo que hace que, en el fondo, todos los museos puedan ser distintos.

Todo buen estímulo museográfico se basa en una buena receta que combine estos tres ingredientes. En rigor, los tres tipos de interactividad son emocionales, por lo que yo llamaría interactividad emocional (en sentido amplio) a la descrita interactividad total. Veamos un par de ejemplos extraídos de una sala del Museu de la Ciència de la Fundació «la Caixa» en Barcelona. Se trata de «La quietud invisible o el arte de desaparecer» y de «Brevísima historia de tres rocas nacidas diferentes».

LA QUIETUD INVISIBLE O EL ARTE DE DESAPARECER. El visitante se acerca a un gran terrario atraído quizá por el título. Y lo primero que ve es nada. Porque en el interior, decorado con materiales naturales (hojarasca, tierra, raíces, corriente de agua, etc.), viven nada menos que dos o tres docenas de insectos palo. La primera emoción del visitante es, en todo caso, que no parece haber emoción. Su mirada recorre irónica y apresuradamente el pequeño espacio. ¡Otro módulo del museo en reparación! El visitante mira pero no ve... hasta que algunos se tropiezan con el aviso AQUI HAY 30 GRANDES INSECTOS ¿Cómo pueden no verse treinta insectos en un espacio tan pequeño? La incredulidad del visitante aumenta, pero su concentración también... y de repente, ¡zas! Ve uno claramente, dos, tres... ¡Pero si está lleno! Sus ojos los miraban, pero su cerebro no los veía. Es la *interacción emocional*. La mayoría de los visitantes queda literalmente cazada para la percepción de todo lo que sigue. Adjunto al terrario hay una ventana por la que se percibe una nube de puntos aleatoriamente distribuidos en un plano. Imposible reconocer el menor sentido en su disposición. Sin embargo, si el visitante acciona un mando, algunos puntos se mueven, con lo que el dibujo de un animal aparece nítidamente. La *interactividad manual* es genuina: con la acción el animal se hace visible «aunque ya estaba allí», pero, al cesar ésta, el animal «aun estando allí» desaparece bajo las mismas narices del visitante. El fenómeno estimula la imaginación. Es el concepto genérico del tancredo. Muchas presuntas presas adoptan la estrategia de la inmovilidad rigurosa aunque el aliento del depredador sea ya de una proximidad terrorífica. Además, se conecta con la vida cotidiana ¿Por qué agitamos la mano cuando queremos llamar la atención de un camarero especializado en hacer la vista gorda a todo aquello que se aparta de su línea frontal de visión? ¡Analogía! Se reinterpretan, se releen muchas otras experiencias anteriores. Es la *interactividad mental*.

BREVÍSIMA HISTORIA DE TRES ROCAS NACIDAS DIFERENTES. El visitante se encuentra, antes de entrar en el museo, tres magníficas columnas basálticas hexagonales a modo de monumento escultórico-totémico. Si, como es normal, hay cola ante las taquillas, son muchos los ciudadanos que se acercan a curiosear. Una enigmática placa dice: ROCAS LÍQUIDAS: COLUMNAS BASÁLTICAS DE CASTELLFULLIT DE LA ROCA. *Véase experimento en la sala El Planeta Vivo*. Hay una alta probabilidad de que la interacción emocional se dispare en la sensibilidad artística de muchos vecinos. Y no sólo artística. Hay aquí también cierta probabilidad de tocar el orgullo nacional, una probabilidad seguramente proporcional a la distancia que media entre la zona que frecuenta el visitante y el bellísimo pueblo, próximo a Barcelona, de donde proceden las rocas. Arrancamos pues con un toque de *interactividad emocional*. Una vez en la sala anunciada, el visitante se encuentra con un triple experimento, presidido por tres rocas auténticas y distintas: *(1)* un pedazo de columna basáltica hexagonal, *(2)* una roca sedimentaria cortada limpiamente para mostrar el gradiente, de menor a mayor, del tamaño del grano, y una roca volcánica, igualmente cortada, *(3)* para mostrar en este caso el ordenamiento, de menor a mayor, de los poros. Cada una de las tres rocas preside un experimento que el visitante puede provocar; es la *interactividad manual:*

(1) una carrera de partículas de distintos tamaños en un medio viscoso para ver que se ordenan ¡como los granos de la roca sedimentaria!, *(2)* una carrera de burbujas de aire en un líquido para ver que ¡se disponen como los poros de una bomba volcánica! y *(3)* una espectacular convección de Raileigh-Bénard para ver que las partículas se disponen según una estructura de panal de abejas ¡como las columnas de basalto en una de las cuales, sin darse cuenta en un principio, ha apoyado los codos para observar mejor! Y la *interactividad mental* es imparable. Los tres ejemplos son tres explicaciones de tres objetos, pero explicados por la propia naturaleza y a requerimiento del visitante. Un objeto es un resultado objetivo, inteligible y dialéctico de un proceso. Los mecanismos analógicos también se ponen en marcha. ¿Cuántas disciplinas científicas se dedican a reconstruir la historia? La geología es una de ellas. Pero son muchas más las ciencias que se centran en el estudio de restos y rastros: la paleontología, la paleoantropología, la arqueología, la cosmología, la propia historia, la investigación policíaca...

La necesidad de crear estímulos en favor del conocimiento científico, como objetivo, y la interactividad emocional, como método, permiten ya pensar en proyectar y construir un buen museo de ciencia. Ya tenemos exposiciones permanentes y temporales y, por lo tanto, según haya resultado nuestro trabajo, también tendremos cierto prestigio, cierta atmósfera y cierta credibilidad. Si todo eso alcanza cierto nivel, entonces es hora de pensar en el museo de ciencia como institución ciudadana. Por ejemplo, ¿puede el museo cumplir con alguna otra función? ¿Cuál es su papel en una sociedad democrática moderna? El museo sirve, por lo pronto, para ayudar al ciudadano a crear opinión científica. Un suceso ocurrido en el Museu de la Ciència hace unos años, nos convenció de esta idoneidad.

Es el 21 de abril de 1992 y son las siete de la tarde. Sala del auditorio principal. Dentro del ciclo «Las Noches del Museo»... *(sigue en la página 49)*

19
Aprender de los que aprenden

Se puede llegar a adulto sin dejar de ser un niño. Es algo más que una frase: se puede alcanzar la madurez sexual, y con ella la capacidad de reproducción, y sin embargo conservar muchos de los rasgos peculiares de la fase juvenil. En biología esta situación se llama *neotenia,* y tiene el prestigio de estar asociada con algún salto notable en la evolución. Se ha dicho incluso que la especie humana alcanzó *neoténicamente* su nivel justamente *humano*; en otras palabras, el primer ser humano no sólo sería el descendiente de un mono, sino que lo sería de un mono inmaduro. En efecto, compárese, por ejemplo, lo mucho que se parece un bebé de gorila a uno de persona, en contraste con lo poco que se parecen cuando se hacen adultos. El gorila, cuando crece, se transforma profundamente tanto en su aspecto como en su comportamiento. El humano, en cambio, crece sin abandonar sus patrones infantiles. Un detalle importante de la infancia es el aprendizaje, y uno de sus métodos más universales es el juego. Un cachorro de mamífero, por ejemplo, sobre todo juega, y casi todo lo que juega es para aprender. Aprender a correr, a saltar, a medir distancias, a cazar, a huir, a adquirir un nivel jerárquico en su grupo, a defenderse... Por ello, en general, cuando ya ha crecido y ya nada más esencial tiene que aprender, entonces pierde interés por el juego, hasta que, de repente, deja de jugar del todo. ¿Quién no ha visto un niño gorila jugar como un poseso ante la mirada cansina de los adultos del grupo? La especie humana difiere en este aspecto. Detrás del topicazo de un abuelo jugando a gatas con el tren eléctrico «que acaba de regalar» a su semimarginado nieto hay algo más que un estereotipo. Quizá sea incluso una de las señas de identidad más significativas de la especie. Porque el humano no deja nunca de jugar; se trata, probablemente, de un lance neoténico. Y no sólo eso. Como el adulto ya ha aprendido todo lo esencial, el juego se libera de tener que cumplir una misión concreta y surge otra clase de juego, un juego más creativo y trascendente a largo plazo: el juego inútil, el juego absurdo, el juego para (y sólo para) disfrutar, el tipo de juego que conduce, no a sobrevivir, sino a la creación científica y artística.

En resumen, es más que probable que el *éxito* de la especie humana se base en la extensión de ciertos rasgos infantiles a su edad adulta. Por esa razón, no es mala idea escuchar y atender a los niños, no sea que todavía quede algo que aprender de los que están aprendiendo. Hay que reconocer que, en el límite, sólo los niños escuchan a los niños. El genuino diálogo niño-adulto es raro, incluso cuando el adulto es el educador o un progenitor. No ha sido por tanto una sorpresa constatar en el espacio el «Clik dels Nens» del Museu de la Ciència (dedicado a ciudadanos de tres a siete años) que el mejor profesor de un niño es siempre... ¡otro niño! El Museu de la Ciència se dirige, en principio, a todo el mundo, sin distinción de edad o formación. Pero la cuestión es: en el oficio de transmitir conocimiento científico, ¿no habrá ideas claves procedentes de los más jóvenes que resulten ser luego universalmente válidas? Hace tiempo que tengo la costumbre de espiar con disimulo todo lo que dicen los niños en el Museu, ya sea en las salas, en la cafetería, en la cola antes de entrar... en cualquier lugar. Algunos detalles no tienen desperdicio.

Sigo a un joven padre que lleva de la mano a un niño de unos siete años. Se detienen ante una planta singular que reacciona retirando las hojas cuando alguien la toca; es la *Mimosa pudica*.

PADRE: ¿Has visto lo que sucede?
NIÑO: ¿Qué? ¿Qué pasa?...¡Oh! Pero esto... ¿es de verdad o es de mentira?
PADRE: Es de verdad, hombre..., ¿no lo ves?

Continúo tras ellos hasta una maqueta de la selva amazónica en la que se simulan 24 horas de la selva en 10 minutos, incluida una gran tormenta con aparato eléctrico, lluvia cerrada, arcoiris, etc. En medio del espectáculo multisensorial (incluso huele a lluvia y a fermentado fresco) el niño levanta la vista boquiabierto y pregunta:

NIÑO: Oye... pero ¿es de verdad o de mentira?
PADRE: Es de mentira, niño..., ¿no lo ves?

Pocos minutos después, en una exposición sobre arqueología submarina y ante un gigantesco acuario en el que se ve el camarote del capitán de un barco hundido, con enormes morenas nadando entre los muebles..

NIÑO: Son de verdad... ¿verdad?
PADRE: ¡Claro! ¡Ya sabes que sí!
NIÑO: ¿Y los muebles?
PADRE: Mmm... pues los muebles no lo sé..., yo diría que unos sí y otros no...

La fijación metafísica del joven (diferencia entre realidad y modelo, entre experiencia y teoría, entre proceso natural y simulación, entre la representación de la cosa y «la cosa en sí») es mucho más trascendente y profunda de lo que parece sospechar su padre. Y puedo declarar que ha tenido, además, la virtud de replantear en el Museu un debate crucial: ¿cuándo un objeto real?, ¿cuándo una simulación? ¿Pueden mezclarse ambas cosas? ¿Se avisa de lo uno o de lo otro?

En otra ocasión sorprendo a una niña de no más de seis años lanzando enormes pedruscos contra un quiosco en forma de casita de madera que se utiliza en verano para vender helados en un espacio al aire libre. Es invierno y el quiosco está cerrado. Me acerco a la niña justo cuando se dispone a lanzar un nuevo proyectil. En cuanto descubre mi sombra suelta la piedra y se mira los pies, un poco avergonzada. Ante mi presencia pertinaz y silenciosa, la niña levanta lentamente la vista, mira la casita, luego me mira a mí y pregunta:

NIÑA: ¿Es tuya?

Este episodio tiene que ver con el mantenimiento de un museo de la ciencia. ¿Cómo conseguir que nuestros jóvenes visitantes traten con cariño los objetos que el museo les ofrece? Pues está claro. Hay que conseguir que los consideren suyos. No es fácil, pero se puede intentar.

Otro episodio interesante. Dos chicas muy jóvenes apuran su refresco en la cafetería:

NIÑA A: ¿Qué será el *Toca-Toca*?
NIÑA B: No lo sé..., pero corre, corre, porque tiene que ser la...

Conclusión: la importancia de acertar con el título. En la comunicación científica ocurre como en la creación científica, artística o de cualquier otra índole. Tan importante es crear o descubrir como conseguir que los demás se den cuenta de ello. Y, para esto último, nada mejor que un buen título.

Y para terminar, a la salida de la gran sala de exposiciones temporales, me cruzo con una madre acompañada de dos niños, uno de unos diez años y otro de unos cinco que tiene que correr para mantenerse al paso de los demás. El niño de diez años parece muy excitado e impaciente:

NIÑO DE DIEZ AÑOS: Mamá, mamá..., *¿qué hay en la Amazonia?*

MADRE: Ahora lo vereeeeeeemos..., tranquilo, a lo mejor te llevas una decepción ¿sabes?...

Y ya de lejos tras de mí, apenas perceptible:

NIÑO DE CINCO AÑOS: Mamá...
MADRE: Sí, vida...
NIÑO DE CINCO AÑOS: ... ¿Qué es una decepción?

20
Sobre el acto creador

Sea el universo el conjunto de todo lo que existe. Estoy seguro de que el universo existe porque creo en la existencia de al menos una cosa: la mente (la mía, claro): *«Cogito, ergo sum»*. Pero como la frase no es mía, es casi seguro que mi mente no es un caso insólito del universo. Parece, pues, más que razonable concluir que las mentes no sólo existen, sino que además tienen la facultad de influirse mutuamente. Dividamos ahora el universo en dos partes. Sea una de las partes una mente cualquiera de las que habitan el universo y sea la otra parte el resto del universo. Tal desproporcionada partición puede hacerse, claro, para todas y cada una de las mentes. Si las mentes se influyen mutuamente es porque algo fluye entre unas y otras. Es decir, parece claro que la mente es capaz de producir algo y que al menos parte de ese producto mental es exportable, y no menos claro parece que al menos parte de ese producto mental exportable es, a su vez, importable por otra mente que, tampoco está descartado, acusaría tal importación. ¿Qué puede ser ese algo producido por la mente capaz de alcanzar otras mentes? Llamemos *imágenes* a los productos de la mente, esto es, a las representaciones que la mente se hace del universo o de parte del universo. Algunas de estas imágenes tienen la facultad de alterar el estado de otras mentes, son transmisibles. Llamemos a tales imágenes de otra manera. Llamémoslas *conocimiento*. Conocimiento es, pues, el producto mental capaz de perturbar el estado mental ajeno. Admitiremos incluso, como caso particular, que la mente productora y la mente receptora puedan ser la misma mente; pero, dado que para recibir primero hay que emitir, el conocimiento en el que sólo se involucra una única mente debe, necesariamente, rebotar en algún punto del mundo exterior.

¿Qué es crear? Crear es crear conocimiento. Según esto, el mismo universo sería el conocimiento de Dios, y el arte y la ciencia el conocimiento de los hombres.

La ciencia es en el fondo la creación más dolorosa para el hombre, pues el primer principio del método científico obliga a la mente a excluirse del objeto del conocimiento. El beneficio es conocimiento objetivo y universal, el precio es la soledad cósmica del científico. El científico no está presente en el modelo del mundo. Es, como máximo, una anécdota curiosa. Su objetivo es formular buenas preguntas a la naturaleza. La respuesta es lo de menos, porque cada pregunta llega en realidad con la respuesta a cuestas. La respuesta es pura rutina. El momento de íntima trascendencia para el creador científico es cuando una pregunta rebota en alguna parte y se refleja en forma de una nueva pregunta. Es justamente en ese momento cuando el científico es consciente de su acto creador. Pero no hay ciencia si los demás no dicen que la hay. El científico nunca está seguro de haber hecho ciencia.

El arte no sirve a tan cruel principio. Más bien al contrario. La mente creadora se empeña en estar presente en el objeto de conocimiento. El verdadero y acaso único principio del arte es el que asegura la probabilidad de una especie de milagro: *la comunicabilidad de complejidades ininteligibles*. El acto artístico es un acto entre pares de mentes, la productora de conocimiento y la receptora. La emoción del arte está siempre en la mente receptora que cree recibir. Y el momento de trascendencia para el creador artístico es, claro, cuando experimenta su propio milagro. Una sola mente es suficiente para la existencia de arte. El artista siempre sabe muy bien si ha hecho arte.

21
Sobre la transmisión del conocimiento científico y otras pedagogías

En el año 1993 nació la revista Sustratum *con la vocación, como indicaba el subtítulo, de tratar temas fundamentales en psicología y educación. Una de sus entusiastas editoras, Ana Teberosky, de la Universidad de Barcelona, me provocó para provocar. Hacía algún tiempo que iba dejando caer por ahí, en conferencias y debates, una afirmación que, desde luego, podría servir para iniciar un fuego cruzado de ideas, tal como pretendía la nueva publicación. La idea, basada también en el esquema de las tres formas de conocimiento, era más o menos ésta:* a lo mejor resulta que la pedagogía no existe. *El artículo se publicó en el número dos con cuatro encendidas réplicas a cargo de Carles Bidón Chanal de la Universidad de Barcelona, Daniel Gil, de la Universidad de Valencia, Juan Pozo, de la Universidad Autónoma de Madrid y José Rodríguez Illera de la Universidad de Barcelona. El conjunto acaba de aparecer también en la revista de la Universidad Nacional de Quilmes en Buenos Aires.*

Partiendo de la idea de conocimiento científico se puede llegar a la conclusión de que la pedagogía no existe como conocimiento general, es decir, la pedagogía no existe como conjunto de teorías y técnicas que sirve para transmitir cualquier tipo de conocimiento. Existen, a lo sumo, dos principios pedagógicos fundamentales para orientar, en cada caso, al propio científico (o al propio artista) encargado de conseguir el transvase de conocimiento. El pedagogo así, sin más, sencillamente no existe.

El conocimiento

El conocimiento es una representación mental de la realidad. La idea de conocimiento requiere, pues, dos conceptos previos, el de realidad y el de mente. Nada que objetar, de momento, a la existencia de ambas cosas. Parece lógico pensar, además, que la realidad es mucho más antigua que la mente. Las mentes, al menos todas las que nosotros conocemos, tienen un soporte material. (O bien, digamos que nos referimos sólo a aquellas mentes ligadas a la materia). La materia soporte de una mente no puede ser de cualquier tipo, sino de una clase, muy rara en el cosmos, llamada materia viva. También parece sensato asegurar que no toda materia viva sirve para alojar una mente: se necesita una calidad, una complejidad mínima. Y atención, tampoco esta calidad ha existido siempre. Todas las fronteras son difusas, y por lo tanto de difícil demarcación. Pero no parece demasiado aventurado decir que una mente no cabe en un alga cianofícea y sí cabe, en cambio, en cualquier homínido empeñado en hacer honores a sus muertos. Más de tres mil millones de años separan ambos extremos y constituyen un margen disparatadamente amplio, pero pensar en tal distancia es suficiente para creer que el conocimiento es un logro de la evolución biológica. La afirmación es importante porque permite hablar del conocimiento en términos de la evolución de la materia. Volveremos a ello.

Hagamos ahora una nueva hipótesis más que aceptable y que supone, de hecho, ir muy poco más allá del «*cogito, ergo sum*» de Descartes. Aceptar la máxima del incrédulo pensador equivale a admitir la pluralidad de las mentes (al menos han existido dos: la mía y la de Descartes). Luego, y ésta es la hipótesis, *no se descarta que la comunicación entre dos mentes distintas también sea posible.*

Sigamos. Si admitimos que el conocimiento *se crea y se transmite,* entonces la presencia de cierto conocimiento en una mente puede explicarse de dos maneras: o bien se ha creado por voluntad expresa de la mente propietaria, o no.

Lo último, a su vez, puede llevarse también a cabo de dos formas: por vía genética, o no.

Cuando el conocimiento creado por una mente se transmite por vía no genética, podemos denominarlo tranquilamente *cultura*. La cuestión de si tal clase de conocimiento puede transmitirse también por vía genética no es fácilmente observable a escala humana y se inscribe, claro, junto a la compleja cuestión discutida en temas similares de la evolución biológica. En todo caso, de lo que no hay duda es de la transmisibilidad del conocimiento creado dentro y por la mente. La transmisibilidad de conocimiento se ha convertido, hoy en día, en materia propia de conocimiento, y solemos denominar *pedagogía* al conjunto de los modelos y técnicas que facilitan al trasvase de conocimiento de unas mentes a otras. Se han escrito ríos de tinta sobre esta disciplina en sus múltiples variantes según sea el tipo de conocimiento a transmitir y el tipo de las mentes destinatarias de tales conocimientos. De ello quiero ocuparme precisamente aquí, pero antes necesitaremos ponernos de acuerdo sobre algunos conceptos fundamentales que tienen que ver con una cuestión previa, la de la creación de conocimiento.

Cuando la mente crea conocimiento lo hace según un método. Y sólo existen, creo, tres métodos claramente diferenciados que producen otras tantas clases, digamos, puras de conocimiento: *(a)* el conocimiento científico, *(b)* el artístico y *(c)* el divino.

En realidad no hay mente que produzca conocimiento puro de una de estas tres clases. Digamos más bien que cualquier conocimiento es una mezcla ponderada de las citadas versiones puras. De profundizar en la primera surgen, con poca dificultad, unas buenas definiciones para las otras dos. Centrémonos, de todos modos, en el conocimiento científico.

El conocimiento científico

Aunque parezca frívolo, ciencia es lo que los científicos dicen que es ciencia. Pero un científico no es un creador de conocimiento cualquiera, ya que admite ciertas limitaciones en el proceso de la construcción de su conocimiento. No existen reglas escritas, pero basta una ojeada a toda la historia de la ciencia tal como hoy la entendemos para constatar que, al menos tácitamente, el científico acepta un conjunto de principios que bien podríamos llamar *método científico*. Existe, sin embargo, una cuestión previa.

¿Por qué hace ciencia el científico? ¿Cuál es su necesidad, si la hay? ¿Cuál es su estímulo? Este punto será, como veremos, esencial a la hora de volver sobre el tema de la transmisibilidad de conocimiento.

El estímulo

¿Qué es lo que mueve a un científico a investigar? No creo que haya que buscar razones éticas a esta pregunta. El científico no persigue ni el bien ni el mal de la humanidad. Es bastante más sencillo. El científico, como cualquier ciudadano, necesita producir conocimiento sobre el mundo para poder compartir al máximo su soledad cósmica. La ciencia se distingue de otras formas de conocimiento solamente por el método empleado para producir tal conocimiento: el método científico. ¿Hay algo en ese método que estimule la labor del investigador? El método científico tiene un protagonista: el *experimento*. Experimentar es un intento de diálogo con la naturaleza. No todas las preguntas son buenas, ni siquiera suele estar claro que deba hacerse pregunta alguna. Por ello no siempre hay respuesta o, al menos, no siempre hay una respuesta que sirva para producir conocimiento. Pero cuando la hay, cuando la naturaleza, de repente, responde con algo inteligible, entonces es la hora de la verdad del científico. Es el momento en el que se consuma la comunicación hombre-naturaleza, es la emoción del científico, comparable, por otro lado, con el momento de la emoción en arte, es decir, cuando el creador se comunica con cierto contemplador a través de una obra. Estas emociones son, creo, los verdaderos motores del conocimiento (científico o artístico). En un museo de la ciencia se intenta conducir al ciudadano hasta ese punto. Y la esperanza de este modelo de comunicación científica consiste en creer que la misma emoción que impulsa al científico a continuar investigando impulsará al ciudadano a seguir al científico.

La ciencia y la comprensión en ciencia

Ensayemos unas primeras definiciones:

CIENCIA: Es una forma de conocimiento: aquella que se obtiene mediante el método científico, donde el método científico tiene tres principios fundamentales que ahora formularemos así:

El *principio de objetividad*, según el cual el sujeto del conocimiento escoge la relación más independiente posible con respecto al objeto del conocimiento.

El *principio de inteligibilidad*, según el cual el sujeto del conocimiento asume, como hipótesis de trabajo, que el mundo es, en algún sentido, inteligible. Deben acordarse, por lo tanto, ciertos sentidos de inteligibilidad.

El *principio dialéctico*, según el cual el sujeto somete el conocimiento al careo continuo con la experiencia.

COMPRENDER LA CIENCIA: Es la acción por la cual algo se nos antoja inteligible. En el segundo principio, el de inteligibilidad, converge el grueso de la discusión. Está claro que son muchas y muy distintas las comprensiones posible de un mismo fenómeno. Por ejemplo, «el vaso se ha roto» y pueden valer las explicaciones siguientes: por la atracción de la Tierra, porque era de vidrio, porque alguien lo ha lanzado, porque alguien se ha puesto nervioso, porque alguien quería ofender... ¿Qué hacer ante el requerimiento de una explicación? Según la hipótesis de trabajo de nuestro proyecto, comprender será para el ciudadano lo que comprender sea para el científico. Existen, acabamos de verlo, tres tipos de comprensión científica: la comprensión por compresión *(a)*, por causalidad *(b)* y por estructura *(c)*.

De una combinación de las tres, pero con especial peso de la tercera ha surgido recientemente la *simulación*, una tercera vía de aproximación a la Realidad.

La simulación

Cualquier objeto de este mundo puede considerarse en principio como un *todo* compuesto por ciertas *partes* en *interacción*. Un pedazo de materia es un todo compuesto por moléculas con una particular cohesión mutua. Una ciudad es un todo cuyas partes pueden ser los individuos, las familias, ciertos grupos o colectivos, etc. Cada *partición* define un conjunto distinto de interrelaciones y un modo distinto de *comprender* el todo. En otras palabras: la capacidad para relacionar estos tres elementos (el todo, las partes y sus mutuas interacciones) equivale también a cierta *inteligibilidad* científica, precisamente lo que hemos llamado inteligibilidad de estructura. Las prestaciones de los grandes ordenadores permiten relacionar el comportamiento de un *todo* (un complejo pedazo de bosque, por ejemplo) con el de sus *partes* (sus habitantes animales y vegetales) mediante la manipulación de las reglas de interacción individual (alimentación, movimiento, reproducción...) en muchos y muy complejos casos reales. Eso es la *simulación*: una nueva (tanto como los ordenadores) aproximación a la realidad que consiste en relacionar un todo con alguna de sus particiones. Algunos de tales casos son especialmente relevantes, pues difícilmente admiten una observación completa y detallada (¿cómo registrar todo lo que ocurre, en un instante dado, en un trozo de selva tropical o en una lejana galaxia?) o una descripción teórica (suponiendo que tales datos se puedan obtener, ¿cómo encontrar una ecuación más compacta que los propios datos?). La simulación sirve para explorar qué tipo de interacciones individuales son compatibles con un comportamiento conocido de un *todo* o, por el contrario, para, conocidas ciertas reglas de actuación de los elementos, aventurar ciertas predicciones sobre el comportamiento del *todo*.

El panorama de la investigación científica de vanguardia se ha visto conmocionado por los simuladores. Y, hay que admitirlo, han conseguido introducir ciertos elementos de confusión. En los congresos y las revistas científicas, los resultados provenientes de simulaciones son cada vez más frecuentes, pero unas veces se presentan como sustituto de experiencias irrealizables o peligrosas y otras veces pretenden ser el sucedáneo de teorías ultracomplejas. ¿Cuál es entonces su verdadero valor o mérito? Hay dos extremos que interesa comentar. El primero se refiere a aquellas teorías que tienen pocas posibilidades de llegar a ser contrastadas con la realidad. Es el caso, por ejemplo, de ciertas teorías cosmológicas. Para muchos físicos, una teoría sin posibilidad de comprobación experimental no pasa de ser una ficción de mayor o menor mérito, es decir, «pura literatura». Nada impide, sin embargo, hacer simulaciones para «apoyar» tales teorías. Apoyar significa aquí que la simulación es compatible con una teoría, pudiendo, claro, no serlo; es decir, si apareciese una contradicción entre ambas, habría que revisar una de las dos: o la teoría o la simulación. Hay un riesgo y un compromiso (en el sentido popperiano de tales términos). La simulación en este caso no es experiencia, pero se utiliza en su lugar. La simulación no es tan legitimadora de una teoría como un experimento, pero es mejor que nada. El otro extremo se refiere a observaciones o experimentos que se nos antojan *incompresibles*, es decir, *incomprensibles*, esto es, tales que no puede encontrarse nada más compacto que la observación misma. Eso es lo que ocurre, por ejemplo, con sistemas de gran complejidad o de gran ingrediente azarosa. Para muchos científicos tales experimentos nada aportan en favor de la inteligibilidad de la realidad, no van más allá de la propia realidad, es decir, son sólo una «buena cocina». ¿Para qué sirve una observación cuando la teoría más corta que puede dar cuenta de ella es, de hecho, mucho más larga que los propios datos? La simulación también ha acudido en socorro de estos desolados experimentadores. Un experimento que converja con cierta simulación tiene más valor científico que un experimento que no converja con nada en absoluto. Aquí la simulación no es teoría, pero la sustituye en el sentido de que confiere cierta inteligibilidad a cierta realidad. En qué quedamos: ¿es la simulación una especie de teoría o una especie de experiencia? ¿Es la simulación sólo una herramienta de cálculo o es algo más? En mi opinión la simulación no es teoría, ni experiencia ni un mero útil de cálculo, sino una genuina tercera forma de aproximación a la realidad que está revolucionando el mismísimo método científico y que, sorprendentemente, todavía no ha conseguido despertar el interés de los pensadores de la ciencia.

La simulación quizás esté a punto de afectar seriamente a uno de los principios fundamentales del método científico, el de la dialéctica entre la teoría y la experiencia, que ahora habrá que ampliar a un diálogo a tres bandas entre teoría, experiencia y simulación. La teoría es el resultado de una construcción mental, es una imagen del mundo, un modelo. Es, si se quiere, una ficción. Es conocimiento. La experiencia es, por otro lado, el resultado de la observación. Es el comportamiento de la realidad tal como la percibimos (y siempre, en último término, a través de los sentidos). Hacer ciencia consiste en proponer ficciones a la naturaleza por si ésta tiene a bien encajar en aquéllas. El conocimiento científico se distingue de otros conocimientos, entre otras cosas, porque *exige* una dialéctica continua entre la mente y los sentidos, para enfrentar sin descanso la teoría y la experiencia. Otros conocimientos, como el artístico o el revelado, pueden asumir ocasionalmente tal enfrentamiento, pero nunca como una exigencia necesaria. Tras unos pocos siglos de hacer ciencia, puede decirse que ya hemos acordado con suficiente claridad el cómo debe ser la interacción entre teoría y experiencia. Los científicos la han ido consolidando con el uso, bajo la mirada severa de los filósofos y epistemólogos. ¿En qué consiste?

La interacción entre la teoría y la experiencia tiene dos sentidos: el que va de la experiencia a la teoría y el inverso. La experiencia afecta a la teoría encendiendo la alarma bien de *(a)* una *incompatibilidad* (paradoja de contradicción: ocurre cuando una observación desmiente un modelo determinado) bien de *(b)* una *incompletitud* (vacío que permite que no haya modelo para cierta observación: es la ausencia de teoría). Esto es lo que la experiencia ofrece a la teoría: corregirla a golpe de incompatibilidad o ampliarla a golpe de incompletitud. El sentido inverso es el que va de la teoría a la experiencia. La teoría, por su parte, ofrece *inteligibilidad* a la experiencia. Un modelo hace que la realidad sea, en algún sentido, comprensible (según, por ejemplo, los sentidos de inteligibilidad comentados antes). En resumen, éste ha sido el motor del quehacer científico desde el principio de la ciencia tal y como hoy la entendemos: *incompatibilidad* e *incompletitud* «versus» *inteligibilidad* en constante colisión. Por ello se puede decir que tres siglos nos contempla ya tanto en el arte de valorar teorías experimentalmente como en el de modelar experimentos teóricamente. La simulación es mucho más reciente, pero ya ha afectado al método científico. La simulación no es teoría ni experiencia, sino una tercera cosa que juega el papel de teoría para la experiencia y el de experiencia para la teoría. Esto hace que el principio dialéctico se haya enriquecido de un salto, puesto que si otorgamos a la recién llegada simulación el mismo rango epistemológico que la vieja teoría y el antiquísimo experimento, entonces la dialéctica es a tres bandas con sus dobles sentidos. Los filósofos de la ciencia han estado siglos debatiendo la doble relación teoría-experiencia. Pues bien, ahora hay una triple relación teoría-experiencia-simulación en la que profundizar. Hay trabajo para unos siglos más.

Pero reagrupemos fuerzas. Sobre el conocimiento científico hemos analizado tres aspectos claramente generalizables a cualquier tipo de conocimiento:

El conocimiento es un logro de la evolución biológica, pero es transmisible por vía no genética.
El conocimiento se crea a partir de unos estímulos.
El conocimiento se elabora mediante un método.

Lo que caracteriza a cada tipo de conocimiento es el tipo de estímulos y la clase de método. De aquí pueden extraerse, creo, ciertas conclusiones muy generales sobre eso que llamamos pedagogía.

La pedagogía, me temo, no existe

El hombre ha aportado una forma muy potente y elaborada de conocimiento a la evolución biológica, y es evidente que en el conocimiento se basa su organización social e incluso su evolución a largo plazo, tanto que acaso pueda afirmarse que la propia evolución biológica ha terminado ya para el *Homo sapiens*. En efecto, los cambios futuros significativos se pueden deber ya sólo a la evolución cultural. Aquí surge la primera dificultad. El hombre ha descubierto el conocimiento científico y confía en él para todo, para alimentarse, para regular el ambiente inmediato, para predecir y evitar las grandes catástrofes, para regular la convivencia con los vecinos, etc. La cuestión es que el conocimiento se crea en una mente o grupo de mentes muy especiales: las estimuladas, las de los científicos. Luego, más tarde, todo ese conocimiento, o una parte sustancial de él, debe transmitirse al resto de las mentes. Eso en el supuesto de que tal cosa convenga. ¿Conviene? Aunque eso es tema de otra discusión, creo que en las llamadas sociedades democráticas modernas sería fácil ponerse de acuerdo sobre tal conveniencia. *Llamamos pedagogía al conjunto de conocimientos destinados a favorecer la transmisión del conocimiento.*

¿Dónde está la dificultad? Hay una primera dificultad fundamental y ancestral que invalida, creo, la mayor parte de las teorías y técnicas pedagógicas al uso. Es una dificultad de carácter casi biológico. La tendencia de cualquier pedazo de materia es hacia el estado de mínima energía. Y ni la materia viva ni la materia inteligente constituyen una excepción. En el transcurso de la evolución biológica la selección natural se ha mostrado muy efectiva consolidando ciertos estímulos: el *hambre*, que asegura la lucha por la alimentación (¿quién se molestaría en luchar por comer si no?), la *sed*, la *pulsión sexual* que garantiza la reproducción (¿por qué molestarse en buscar pareja si no?), la urgencia por respirar, etc. Bien, pues resulta que el hombre ha aportado el conocimiento a la evolución, pero recentísimamente, y acaso aún no haya habido tiempo de que la selección «invente» algo parecido a lo que podríamos llamar la sed de conocimiento. Tales estímulos existen, es verdad, pero en una versión débil y mal repartida. Y existen más en relación al conocimiento de tipo artístico y divino que en relación al conocimiento científico. Pienso que buena parte de las tragedias de la humanidad debidas a la condición humana, sobre todo las derivadas de la intolerancia de los hombre con sus vecinos, tienen su origen en un escaso hábito del método científico en contraste con el artístico y, sobre todo, con el divino. El contrasentido es descomunal. La vida del hombre se basa cada día más en el conocimiento científico, precisamente el conocimiento por el que el hombre tiene también menos estímulos. ¿Cuáles son tales estímulos? ¿La diversión? ¿El juego?

¿El beneficio del resultado? ¿Alguna clase de premio? ¿El miedo a un castigo o a alguna consecuencia negativa? Hemos mencionado antes cuáles son los estímulos del científico, aquel que, por oficio, ha elaborado el conocimiento en cuestión. Los estímulos del científico ya han servido para algo: para hacer ciencia. A lo mejor también sirven para transmitirla:

I. Los estímulos que favorecen la creación de un conocimiento son los mismos que favorecen su transmisión

Ésta es la primera hipótesis fundamental que ofrezco para la transmisión del conocimiento científico. Así lo he probado, con aceptables resultados en toda clase de intentos: textos, conferencias, en el museo de la ciencia, etc. Tengo la fuerte sensación, además, de que tal principio se puede generalizar a cualquier otra forma de conocimiento. Sólo puede transmitir el estímulo científico el que lo ha sentido, y lo mismo puede decirse respecto del arte o de cualquier tipo de mística.

Segunda cuestión. Ya hemos conseguido transmitir los estímulos y el destinatario ya tiene sed de ciencia. ¿Con qué método transmitimos el conocimiento? ¿Cómo lo hacemos inteligible? He aquí la segunda y última hipótesis fundamental:

II. El método que favorece la transmisión de un conocimiento es el mismo que ha favorecido su creación.

Donde me he permitido, de nuevo, elevar una convicción sobre el conocimiento científico a una categoría del todo general. Pero volvamos a la ciencia. Existen ciertas clases de inteligibilidad que ya han servido para hacer ciencia (hemos comentado seis clases y sus respectivos méritos) y existen actualmente al menos dos procedimientos (la experiencia y la simulación) para construir conocimiento científico. A lo mejor todo eso también sirve para la transmisión. Y, en efecto, esta idea permite distinguir, por ejemplo, un texto, una imagen o una propuesta museística, como de carácter científicamente pedagógico o simplemente espectacular o divertido. Se puede usar la analogía, la metáfora, el juego..., pero, y esto no es tautología, no hay más inteligibilidad científica que la inteligibilidad científica. No hay ninguna necesidad de hacer trampas, de disfrazar, de añadir... Todo conocimiento científico, por riguroso y complejo que sea, es transmisible usando el propio método científico, con las mismas dudas, los mismos errores y las mismas inquietudes. Y ello es además independiente de la edad y formación de los destinatarios del conocimiento. Los museos, los audiovisuales y los textos de divulgación científica (incluso los de enseñanza elemental y media) están preñados de trucos superfluos y de insinuaciones que desvirtúan la cantidad y calidad de conocimiento transmitido. Son, digamos, *medios de ciencia «fricción»*. La ciencia ya es de por sí lo bastante libre y rica en métodos para recibir y agitar ideas.

La conclusión que me atrevería a ofrecer es que no existe un método de la pedagogía. Existe el de la ciencia o, si se quiere, el de la biología, de la física, de la economía, de la psicología, de la pintura, de la música... Y no existe porque no existe el método pedagógico. Y no existe el método pedagógico porque la pedagogía no es un conocimiento, es un aspecto de cualquier tipo de conocimiento, un aspecto que se deriva de la transmisibilidad no genética del concepto conocimiento, una transmisibilidad íntima e indisolublemente ligada a su creabilidad. Las dos hipótesis fundamentales propuestas para una presunta pedagogía podrían resumirse en una sola máxima:

La idea fundamental para la transmisión de conocimiento consiste en la tendencia a poner al destinatario de la transmisión literalmente en la piel de quien lo ha elaborado.

Esta hipótesis no es más que una hipótesis de trabajo. Los principios fundamentales no se demuestran, sino que son validados por la viabilidad, completitud y coherencia de los resultados que de ellos surgen. Por eso la ofrezco como orientación teórica y como criterio práctico. Cualquier inconsistencia o ambigüedad puede recomendar su revisión. A mí todavía me sirve.

IV
Sobre lo simple y lo complejo

22
Sobre la extrema pequeñez de la realidad

Un vuelo de alguna parte del norte de Europa a Barcelona, un día de 1986. Llevo tres días leyendo el libro Les objets fractals *de Benoît Mandelbrot. Acabo de decidir hacerlo traducir para la colección Metatemas. Y me hago la pregunta: ¿por qué hay tantos fractales en la naturaleza? ¿Es la autosimilitud una estrategia en algún sentido rentable? Me extraña que en el libro no haya ningún intento de respuesta. Bueno, no tan extraño. Tampoco hay asomo alguno de la pregunta. Es como si la dimensión fractal fuese algo estable, un número límite de alguna tendencia, el fruto de un principio variacional... Vuelvo a abrir el libro. Si encontrara la manera de definir una entropía de la forma ¡Y la encuentro! La celebérrima curva de Koch, socorrido modo intuitivo y visual de introducir la dimensión fractal, me da la idea. Cuando el avión aterriza ya he escrito una primera forma sencilla de la recién inventada* entropía de forma. *Durante los días siguientes intento generalizar sin éxito la expresión. Me faltan matemáticas especializadas que me da pereza aprender. Durante los años siguientes intento seducir a un doctorando tras otro. A la tercera va la vencida. Romualdo Pastor se interesa. Le explico la idea y le proporciono algunos artículos. Al día siguiente los ha leído todos menos uno. Cuando le pregunto por qué, me dice que no sabe francés. Cuatro días después le consigo una traducción inglesa, pero me dice que ya no le hace falta. Cuando le preguntó por qué, me dice, sin sonreír, que ya sabe francés. Después de comprobar que lo que dice es cierto, me doy cuenta de que el problema de la generalización de la entropía de forma, tarde o temprano, se resolverá. Instalo una pizarra en mi despacho del museo en la que sólo se ha discutido sobre este tema. Decenas de horas, centenares de horas. El propio Mandelbrot pasa por delante de ella, pero el problema no le llega a interesar del todo. El problema se resuelve y es parte de la tesis doctoral en física que Romualdo defiende el lunes 11 de diciembre de 1995. La maximización de la entropía de forma, usada como principio variacional, define qué grupo de configuraciones inventadas tiene más verosimilitud de acceder a la realidad. La verosimilitud de la autosimilitud. El resultado se publica en tres artículos especializados. El último acaba de aparecer ahora, doce años después de aquel vuelo cerca de las musas, en la revista* Physica A. *Se puede resumir en una frase que nos atrevemos a escribir en las conclusiones: «la dimensión fractal es la temperatura de la autosimilitud». ¡Qué bonito! Hoy, miércoles 14 de enero de 1998, me doy cuenta de que Mandelbrot aún no tiene por qué saber nada y le envío los tres trabajos. Me contesta a vuelta de correo electrónico: «... he recibido tus artículos. Todavía los he de leer con cuidado. Dimensión fractal, entropía y temperatura... ¡qué maravilla de lío de relaciones! Saludos a Romualdo y a su novia»... Pero hay reflexiones que nunca dejaría pasar un* referee *de una revista de física. Ésta que sigue es una de ellas.*

El primer principio del conocimiento científico es: «*todo lo real es imaginable*». Quizá parezca un juicio eufórico sobre las prestaciones de la mente humana, pero las hipótesis metodológicas no son verdaderas ni falsas. Sencillamente, se asumen o no. Ésta, en particular, no se puede confirmar ni se puede negar. No es falsable. Pero el científico vive así su quehacer diario, como si todo lo real fuese imaginable. Lo necesita para empezar, con buen ánimo, cualquier proyecto de investigación. Y no le va mal...

La afirmación inversa es otra cosa: «*todo lo imaginado es realizable*». Ésta sí es falsable. Y no sólo eso. Además es falsa. Pero también da mucho de sí. La mente puede, en efecto, representar objetos imposibles. Hay imposibles de dos familias: los imposibles lógicos y los físicos. Los imposibles lógicos son los que tienen contradicciones internas, es decir, son incoherentes. Imaginar imposibles lógicos es pasión de matemáticos y de psicólogos. El célebre triángulo de Penrose y Escher, dos tangentes a una curva plana en un mismo punto o una máquina del tiempo que permita corregir la historia son objetos que ni siquiera pueden aspirar a acceder a la realidad. En cambio, los imposibles físicos son coherentes, pero tienen contradicciones externas, es decir, son incompatibles con las cosas o las leyes que gobiernan el mundo de lo que ya existe. Imaginar imposibles físicos es gracia (o riesgo) de escritores de ficción y riesgo (o gracia) de científicos: un insecto de quince metros de envergadura, un objeto más frío que cero grados Kelvin o una señal lanzada a una velocidad superior a la de la luz quizá puedan acceder a una realidad..., pero al parecer no a la nuestra. Luego está el mundo de lo posible. Es el de los objetos coherentes y compatibles que, aunque no existan, podrían hacerlo o haberlo hecho con mayor o menor verosimilitud. Imaginar objetos de este mundo se llama (atención) hacer predicciones científicas. Muchos habitantes de este mundo nunca escaparán de él, o sea, jamás accederán al mundo siguiente: el de la realidad. Sólo cuando los caprichos del azar y las ligaduras de lo preexistente se alían por rarísimo pacto, entonces ocurre que un verosímil nace a la existencia. Por ejemplo, cualquiera de nosotros procede de un espermatozoide victorioso en una loca carrera contra centenares de miles de competidores. Por ello, cada uno de nosotros, improbabilísimo habitante de la realidad, tiene, en el mundo de lo verosímil, una colosal multitud, no se sabe si envidiosa o compasiva, de fraternales probabilidades frustradas.

Reunamos fuerzas. La *idealidad (1)* es el mundo de todo lo que la mente *puede representar*. En ella están todas las partidas de ajedrez, incluso las ilegales, las que ni son de ajedrez, como las infinitamente largas. La idealidad es, se diría, infinita. La *posibilidad (2)* es el mundo de todos los objetos y sucesos que *pueden ocurrir* en una realidad determinada. En ella están todas las partidas de ajedrez jugables, es decir, las que son respetuosas con el reglamento. La posibilidad es, digamos, indefinidamente grande. Y la *realidad (3)* es lo que queda, el mundo de los objetos y sucesos que *ocurren* en el espacio y en el tiempo. En ella están todas las partidas de ajedrez que se han jugado alguna vez. La realidad es, digámoslo ya, pequeña.

Ocurren menos cosas de las que pueden ocurrir y pueden ocurrir menos cosas de las que se pueden imaginar. La imaginación acaso sea una parte de la realidad, pero es mayor que la realidad entera.

23
Breve historia universal de la materia

Barcelona, jueves 20 de marzo de 1997. Ha llegado Murray Gell-Mann para dar una charla en el museo. Hablamos de supercuerdas, de Steven Weinberg, de Sheldom Glashow y, sobre todo, de la complejidad del mundo, de etimología y de lenguas. Su editor John Brockman me comentó una vez que Gell-Mann habla veinte idiomas, entre ellos el chino, como le gusta demostrar en los restaurantes ídem. Le pregunto cuántos domina realmente. Sonríe y comenta: «... realmente, sólo el inglés». Los dos textos que siguen tienen que ver con aquellas charlas.

Una *partícula fundamental*, como un electrón, no tiene partes constituyentes que puedan deambular libres por el espacio. Raramente sobrepasan el yoctogramo, es decir, la cuatrimillonésima parte de un gramo. Sea el suyo entonces el nivel *uno* de la materia. Él, el electrón, sí puede ser libre. O no. Porque es bien posible que se asocie con otras partículas para formar otra individualidad, *un átomo*, como el de hidrógeno, que no supera los mil yoctogramos y representa el nivel *dos* de la materia, el cual puede, a su vez, divagar libre por el cosmos. O no. Porque un átomo bien puede combinarse con otros para crear otra entidad, la *molécula*, el nivel *tres* de la materia. Una molécula puede ser muy ligera, como la del agua, o alcanzar el picogramo, la billonésima de gramo, como un DNA. Ambas pueden circular más o menos libres y mansas por el océano. O no. Porque pueden verse involucradas en un complejo con otras moléculas y dar lugar a otra individualidad, la *célula*. Suele llegar al microgramo e ilustra el celebrado nivel *cuatro* de la materia. Puede nadar a su aire en busca de luz o alimento. O no. Porque puede negociar con otras como ella y constituir una entidad del nivel *cinco*, el *organismo,* que puede vagar por ahí, tirando de una masa entre el microgramo y decenas de toneladas, como un gusano o un cetáceo. O no. Porque también puede reunirse con otros organismos de su mismo nivel para dar lugar a otra individualidad, la *sociedad familiar de una sola madre,* el nivel *seis* de la materia. Así es como las hormigas dan sentido a la colonia. Puede que todo quede ahí. O no. Porque algunas familias pueden agruparse en una *sociedad multifamiliar*, como una manada de ñus. Estas entidades son ya propias del nivel *siete* de la materia y raramente se organizan para crear algo que merezca ser registrado como del nivel *ocho*. Es muy raro, pero ocurre. Es la *sociedad de sociedades multifamiliares con soberanía sobre sí misma*, como la polis griega, como un estado, una individualidad que puede llegar al millón de toneladas... Y ya no hay más. Ni más de ocho ni menos de uno.

Desde hace más de 10 000 millones de años hasta hace 3800 millones sólo existieron los tres primeros niveles. Es la materia inerte. Una ínfima parte de ésta se inició entonces en el empeño de intercambiar materia, energía e información con un resultado notable: mantener un grado mínimo de independencia respecto del entorno. Es la materia viva, limitada, durante los 3000 millones de años siguientes, al nivel cuatro. Hace quizá mil millones de años que aparecieron las primeras individualidades del nivel cinco, pero el incremento del grado de independencia necesario para el próximo gran salto no se consigue hasta hace unos 100 millones de años, cuando ciertos individuos-cinco logran algo sobresaliente: tomar decisiones, buscar un plan B cuando el previsto plan A fracasa. Es la materia inteligente. Y no es hasta bien avanzado el nivel siete y el amanecer del ocho cuando, hace menos de cien mil años, una minúscula parte de la materia inteligente accede al conocimiento. Es la materia civilizada, una materia capaz de volverse hacia su historia para preguntar por la materia inerte, por la materia viva, por la materia inteligente, por sí misma y por su sentido en el devenir del universo.

Y ahora un *Gedanken Experiment*. Rebobinemos mentalmente la edad del tiempo y dejemos que la historia universal de la materia se desenrosque de nuevo. Puede que, como machaca Stephen Jay Gould, el progreso sea un concepto irrelevante. O no.

24
Del quark a Murray Gell-Mann

Entendemos por Civilización un enorme pedazo de cultura que tiende a ser universal, es decir, que tiende a ser independiente de los grupos humanos que la han elaborado, es decir, independiente de sus particulares contextos y coyunturas. Casi toda la buena ciencia, buena parte del arte bueno y, casi me atrevería a decir, cierta buena religión, es civilización porque tiende a ser válida y valiosa para cualquier humano. Digamos que la unidad de la materia civilizada es la propia *humanidad*. En ocasiones se fuerza el lenguaje para hablar, por ejemplo, de civilización oriental y occidental, pero es, me temo, un abuso. En términos de civilización sólo existe un concepto de individuo (insistamos): la humanidad.

Entendemos por Cultura una porción de conocimiento, transmisible por vía no genética, que tiende a pertenecer y a servir preferentemente al grupo que la ha elaborado. Se trata de un grupo que se reconoce a sí mismo por una historia o proyecto colectivo. La unidad de materia culta podría denominarse quizá *nación* (que, en su concepción amplia, debería extenderse incluso a ciertos grupos de chimpancés). Y hay que reconocer que todo arte (bueno o malo) parte de una cultura, que toda cultura está repleta de conocimiento revelado (intuiciones que cohesionan e identifican el grupo) e incluso que existe cierta excelente ciencia de ámbito cultural, como por ejemplo ciertas gastronomías de mérito (no muchas, tres o cuatro a lo sumo). En el planeta hay miles de individuos culturales, todos diversos, todos interesantísimos. La identificación colectiva de sus miembros es un verdadero cemento de cohesión aunque, en general, se trata de material inflamable... o explosivo.

Entendemos por Inteligente cualquier pedazo de materia capaz de construir conocimiento (cualquier representación de la realidad) a base de intercambiar información con el entorno. La unidad es un «individuo biológico». Muchos son humanos, pero no todos. Al parecer, ningún individuo vegetal es inteligente. Como se sabe, existen miles de millones de individuos inteligentes en el planeta.

Entendemos por Vida un pedazo de la materia empeñada en conservarse parecida a sí misma independientemente de la suerte del resto del universo. Exhibe ciertas curiosísimas funciones, funciones fáciles de reconocer, pero difíciles de definir como un conjunto compacto de condiciones necesarias y suficientes. Todas ellas, sin embargo, están relacionadas con el prefijo «auto»: autorreplicación, autoorganización, automoción... La unidad de la materia viva no coincide, necesariamente, con el concepto de *individuo vivo*. En efecto, la unidad es la *célula* y el *individuo vivo* podría definirse como aquel conjunto de células dotadas de un mismo «texto» genético inscrito en su DNA. No sé cuántos individuos vivos hay en el planeta. Pero no hay duda de que el número de individuos vivos es sideralmente mayor que el de individuos inteligentes ¿Billones? ¿Trillones? Digamos que se trata de trillones de individuos vivos. ¡Individuos! Es decir: ¡todos diferentes!

Entendemos por Materia toda combinación de ciertos entes «indivisibles» (durante mucho tiempo así considerados) llamados *átomos*. El *átomo*, la unidad de la materia, ya no define *individuos* simplemente materiales. Ni los átomos ni sus combinaciones, llamadas *moléculas*, son razonablemente distinguibles entre sí cuando pertenecen a la misma clase. Un átomo de hidrógeno o de calcio siempre será, esté donde esté y como esté, eso, un átomo de hidrógeno o de calcio. Hasta donde hoy sabemos la materia está formada por sólo sesenta y una partículas elementales diferentes. La materia, sólo la del planeta, está formada por un número impronunciable (sin hacer el ridículo) de partículas elementales. Pero ni ellas ni sus ultimísimos constituyentes (éstos, al parecer, ya sí irreductibles) los *quarks* tampoco son ni definen individuos diferentes. Los dedos de las manos sobran para contar el número de clases de quarks.

En otras palabras, el soporte material de la vertiginosa complejidad de la civilización, de la cultura, de la inteligencia, de la vida, así como de toda su profusa población de individuos diversos e irrepetibles, está construida por combinaciones de unos pocos *ladrillos* regidos por leyes físicas simples, elegantes y compactas. No digo que un poema sea reducible a un puñado de quarks, pero sí lo digo del soporte material de quien lo ha escrito o de quien lo ha leído.

Digamos que unos muchos quarks se han combinado para confinarse en el seno de unas partículas elementales que, a su vez, se han organizado en unos, también muchos, átomos que han dado lugar a muchísimas moléculas, algunas de las cuales han formado células vivas complejísimas que se han asociado para dar lugar a cierto irrepetible individuo vivo, inteligente, culto y civilizado capaz de inventar el concepto quark. En efecto, se puede decir que en 1963 un complejísimo montón de quarks propuso y bautizó la existencia del quark. Se trata de Murray Gell-Mann, y acabo de compartir con él una botella de vino de la ribera del Duero mientras hablamos de palabras.

25
Salvados por la enormidad

Manaos, Amazonia, jueves 20 de agosto de 1992. Llegamos al Instituto Nacional de Pesquisas da Amazonia, el INPA, con la intención de ver los insectos de la colección. Imposible. Son más de un millón de pequeños cadáveres pulcramente etiquetados desde principios de siglo. Y hay trabajo para varios siglos más. Alguien ha calculado que sólo las especies se cuentan por decenas de millones... ¿Cuántas especies han existido? ¿Cuántas podrían llegar a existir?

El mayor número que se puede escribir con tres dígitos es 9^{9^9}, es decir, $9^{387.420.489}$, esto es, un *uno* seguido de unos trescientos setenta millones de *ceros*. A su lado, el total de las partículas (¡subatómicas!) de toda la materia del universo, que se estima en unas 10^{80}, es una minucia. Más o menos como el número de partidas de ajedrez distintas que se pueden jugar: un *uno* seguido de tan sólo ciento veinte *ceros* (10^{120}). En él se incluyen las partidas más tontas y absurdas, y se excluyen sólo aquellas en las que los jugadores se ponen de acuerdo para prolongar el encuentro hasta el máximo de los 5899 movimientos, que son los que puede alcanzar una misma partida sin violar el reglamento. Esta cantidad, modestamente descomunal, se divide en tres clases: ganan las blancas, ganan las negras, o tablas. Jugar es ir eligiendo entre lo posible. Ganar, una buena elección.

Algo similar ocurre con cualquier actividad humana creadora, ciencia, música, pintura, literatura... Crear es, en rigor, elegir una buena combinación de símbolos, de notas, de puntos, de letras. Pero el número de tales combinaciones, aunque enorme, es finito, por lo que, antes de que alguien los «cree», ya están en «alguna parte». Entre las enormidades también hay clases. Los poetas parecen tenerlo un poco mejor que los ajedrecistas. Un *uno* seguido de 415 *ceros* (10^{415}) mide el número de sonetos libres distintos que se pueden llegar a componer, es decir, el número de maneras distintas que existen, en castellano, de ordenar seis palabras del total de las 85 000 de esta lengua en cada uno de los 14 versos. La inmensa mayoría de esos «sonetos» no tienen, claro, el menor sentido. Y de la inmensa minoría que sí tienen sentido, una inmensa mayoría serán malísimos. De modo que sólo una inmensa minoría, aún inmensa, de aquella minoría merece editor. Ahora bien, ni todos los seres humanos que quedan por nacer, metidos todos a genios del soneto con furia creadora de 24 horas al día, son suficientes para escribir una mínima parte del número de poemas geniales posibles, todavía no escritos. Salvados por la enormidad. Quevedo quizá no llegara a saberlo, ni falta que le hacía, pero sus sonetos ya estaban escritos en el mundo de lo realizable pero aún no realizado. Se pueden escribir $10^{354.918}$ novelas de 200 páginas a 360 palabras por página. Crear es una ilusión, aunque sea una ilusión tenaz. Sin embargo, estamos salvados. Crear es descubrir. O digámoslo un poco mejor. Crear es descubrir, desde el mundo real, algo de mérito entre la sideral quincalla del mundo de lo solamente realizable. Duchamp quizá no llegara a caer en la cuenta, o, justamente, quizá sí, pero su idea del *ready made* era una propuesta sublime. Todo es, en rigor, un *ready made*. Incluso la idea del *ready made*.

Y, para terminar, un número bestial: 10^{10^9}. Se trata del número de seres humanos (?) diferentes que pueden llegar a existir. La identidad de un individuo humano está escrita en un texto genético de cuatro letras de una longitud determinada. Y un *uno* seguido de mil millones de *ceros* es el número de versiones distintas posibles para tales textos. Como en el caso de los sonetos, una gran parte de esa cifra corresponde a monstruos inviables, así que los más o menos diez mil millones de seres humanos que desde el principio de los tiempos han sido podemos presumir de habernos salvado de la no existencia. Más aún, nos salvamos incluso de volver a existir, de reencarnarnos o de toparnos, cualquier día, con una copia fastidiosamente exacta.

26
El Todo y sus (propias) Partes

La perturbación que producen dos niños llorando juntos no tiene por qué ser la suma de las perturbaciones que éstos mismos niños provocan cuando lloran por separado. Si al ponerse en contacto surge un conato de pelea o de competencia, entonces el berreo conjunto puede ser mayor que el que resulta de la suma de los dos berreos individuales, es decir, el escándalo global arrecia. Si, por el contrario, lo que se establece es una corriente de mutua curiosidad, entonces es bien posible que el escándalo global amaine, incluso que ambos terminen muertos de risa entre los todavía gruesos lagrimones. (Sólo en el improbable caso de la indiferencia, ocurre que el todo es la suma trivial de las partes.) Este sencillo ejemplo ilustra, de hecho, toda una forma de inteligibilidad científica, toda una manera de comprender el mundo. El científico puede decir que *comprende* si es capaz de inventar una representación (un modelo) que relacione las tres ideas: el todo (el superniño AB), las partes (los niños A y B) y la interacción (el conjunto de las mutuas reglas de juego). Se puede predecir así el fenómeno *superniño* a partir del concepto niño: es la *síntesis* (de las partes al todo). En el sentido inverso se puede descubrir la existencia del fenómeno *niño* a partir (nunca mejor dicho) del concepto superniño: es el *análisis* (del todo a las partes). Y todo ello a base de ensayar las diferentes interacciones posibles que hagan encajar, cada vez mejor, el conjunto de todos los comportamientos observables: es el más antiguo, noble, seguro, sólido, riguroso, fiable y prestigioso de los procedimientos de la investigación científica: el *tanteo*.

Un todo tiene infinitas particiones posibles. Es cierto, pero no todas tienen la misma trascendencia. Porque sólo son relevantes aquellas partes que merecen, a su vez, la categoría de individuo, la de otro todo susceptible quizás, él también y a otro nivel, de una ulterior partición razonable. El todo y sus partes sugieren una inteligibilidad más potente que la que surge de la causalidad (decir que se comprende porque se han identificado unas causas) o de la ley expresable matemáticamente (decir que se comprende porque muchas situaciones distintas pueden ser comprimidas en una misma clase o en una breve secuencia de guarismos). En el estudio de sistemas complejos, cuando no es posible encontrar una sola causa o no es posible evitar demasiadas, o cuando nos topamos con el sofoco de que la mejor ley es más larga que los datos a comprimir, entonces se impone la inteligibilidad del todo y sus partes. Es cuando el físico comprende una sustancia como un todo de unidades estables llamadas moléculas; cuando el ingeniero comprende un puente como un compromiso de fuerzas; cuando unos individuos llamados células interaccionan para crear un metazoo capaz de sobrevivir; o cuando a unos individuos humanos les da por formar una familia, un grupo, un barrio, una ciudad, una cultura, una nación, una federación o todo un planeta... con cierta verosimilitud de convivencia. La interacción humana está hecha de materia, energía y, sobre todo, conocimiento. Pero no se piensa sólo a la escala de las mujeres y los hombres. También piensan las familias, los grupos, los barrios, las ciudades, las culturas, las naciones, y al hacerlo crean intrincados mapas de estabilidades posibles. Las tradiciones y las creencias permiten evaluar las interacciones. Pero la convivencia humana es, ay, una cuestión de inteligibilidad científica.

27
Sobre la idea de progreso

Una tarde de una fecha no muy lejana, me dirigía en estado semieufórico hacia un enorme cine del sur de la ciudad. La expectación creada por la conferencia de Stephen Jay Gould era grande y los organizadores se habían curado en salud. Tema: «El concepto de progreso en la evolución». Hacía tiempo que sentía que discrepaba con casi todos los biólogos sobre esta cuestión. Y no hacía mucho que había descubierto el porqué: ¡Gould! La idea de oírle primero y de cenar luego con él me llenaba de contento e ilusión. Tenía dos oportunidades por delante, dos. Como era de esperar, Gould galvanizó a una audiencia manifiestamente devoradora de sus excelentes escritos. La primera oportunidad se desvaneció enseguida. Aquél no era el mejor lugar para polemizar. Mi primera objeción fue despachada con un chiste a la americana. Y la segunda se esfumó poco después en un restaurante del centro de la ciudad. Gould estaba hambriento y agotado como si él solo hubiera acabado de interpretar todas las voces del Mesías de Haendel. A la hora de los postres, intenté una escaramuza de debate de una manera muy fresca e informal. Pero me respondió con una mirada que imploraba caridad para con el guerrero. Quizás otro día... Mi frustración fue tal que, durante los meses siguientes, aprovechaba cualquier ocasión para colocar mi opinión sobre el progreso en la materia viva en todas las conferencias que me pedían y a todo incauto medianamente interesado en el tema que no se excusara a tiempo. Ilya Prigogine, Isabelle Stengers, Lynn Margulis, Philip Tobias, Pere Alberch, Jordi Sabater Pi, Ramón Margalef, Ambrosio García Leal, Jordi Agustí y Michael Ruse, por ejemplo, me han padecido con resignación y paciencia. Y fue jus-

tamente con estos dos últimos, en una ocasión muy similar a la cena con Gould, cuando ocurrió todo. El paleontólogo Agustí y el filósofo Ruse picaron. Sí, ambos me ayudarían a hacer una convocatoria en el museo para debatir la cuestión a placer. Con científicos de todos los colores, con pensadores de todas las razas, con Gould. Así se hizo y estas líneas no son otras que las del prólogo del libro que recogió todo aquel fuego cruzado de ideas: El progreso ¿un concepto acabado o emergente? *(Tusquets Editores, Barcelona, 1998). Gould volvió a fallar, pero acabo de corregir las galeradas del libro y me las arreglaré para que él lo lea. De momento, he aquí la esencia de la idea tal como apareció en su día en* El País.

Cada oficio tiene su propia jerga. Las mismas palabras no maduran igual en los diferentes vocabularios. Sean dos formas de conocimiento y un vocablo común, por ejemplo: la biología evolutiva, la política... y la palabra *progreso*. El político no puede prescindir de ella en su discurso. Los distintos partidos difieren, como es natural, en el modelo de *progreso* que proponen, pero nadie discute cuál es el significado de tal concepto. Todos están, eso sí, a *su favor*. Se trata de uno de esos conceptos fundamentales más usados que comprendidos, que de hecho comprendemos cuando nadie nos pregunta por él, pero que nos confunde en caso contrario. ¿Qué tal le ha ido a la ciencia con el mismo vocablo? Pues no mucho mejor. Pero cuando un científico, después de mucho usar una palabra, se da cuenta de que nunca alcanzará a definirla, entonces la repudia. La acusa de trivial o de sinsentido... y la repudia. Por ello, y a diferencia del político, el biólogo procura hoy no pronunciar la palabra *progreso*. Y si a alguno se le escapa, sus colegas más cercanos torcerán el gesto con fastidio, le afearán el desliz y le recordarán que se trata de un falso concepto, un concepto que nunca debió escaparse del lenguaje común para pretender un rango científico, una idea antropocéntrica que sólo introduce telarañas a la hora de comprender los logros de la selección natural de las especies. ¡Lástima! Por un momento pareció como si una carencia del lenguaje común fuera a aliviarse con alguna idea fresca procedente de la investigación científica. ¿Hay alguien más por ahí? ¿Alguna otra idea?

Quizá sí. Creo que de un rincón común de la termodinámica de los procesos irreversibles y de la teoría de la información se puede extraer una buena idea. En efecto, hay en ese rincón una identidad matemática fundamental que bien podría traducirse en la siguiente ley inviolable:

La complejidad de un sistema más su poder de anticipación respecto del entorno es igual a la incertidumbre del entorno más el impacto de aquél sobre éste.

Supongamos ahora que la ilusión de todo ser vivo en este mundo es, como mínimo, quedarse igual. La principal dificultad para sobrevivir estriba en que una desviación traidora de la *incertidumbre del entorno* ponga en peligro la *complejidad del individuo*. Progresar es aumentar la protección contra tal contingencia. Ahí va un germen de definición. Toda innovación que aumente el grado de independencia de un sistema respecto de su entorno es, en principio, *progresiva* para tal sistema. La citada ley fundamental anuncia además las condiciones de viabilidad para un presunto progreso: aumento del poder de predicción del sistema y/o disminución de su impacto ambiental. Interesante: la independencia de un sistema complejo respecto de su entorno incierto no se consigue con el aislamiento, sino, bien al contrario, con una sofisticada red de relaciones entre ambos. El invento de la pluma de las aves, por ejemplo, supuso un doble progreso. Ayudó a los pájaros a independizarse de los cambios de temperatura y a volar, es decir, a independizar sus posibles desplazamientos de las prosaicas dos dimensiones. En la evolución de la materia viva hay progresos y también regresiones. El mérito de esta definición de progreso surgirá de estudiar cómo se seleccionan las novedades, cómo se consolidan y cómo cambian cuando acaba su vigencia. Innovaciones progresivas fueron en su día liberarse de la dependencia directa de la materia orgánica (cianobacterias), liberarse del confinamiento en una región (células eucariotas), liberarse de vivir inmerso en el agua, ponerse de pie, liberar dos extremidades e inventar nada menos que el concepto *mano*... y así hasta hoy mismo pasando, por ejemplo..., por la Revolución francesa. Está claro que el conocimiento es una novedad que nos ha hecho ganar una prodigiosa independencia respecto del medio (aunque, me temo, intentando burlar la ley inviolable). La ganadería nos independiza de las desventuras de la caza, los antibióticos de las venturas de ciertos gérmenes, el aire acondicionado de las fluctuaciones ambientales, el dinero de la disponibilidad de los objetos de trueque, la tarjeta de crédito de las oscilaciones del dinero, el crédito bancario del infortunio de la tarjeta... En realidad, llamamos *catástrofes* a todas aquellas inclemencias del entorno de las que aún no hemos logrado independizarnos (tornados, terremotos, sequías, impactos de meteoritos, ciertas epidemias, etcétera). Empezamos a comprender la relación entre el progreso humano y la evolución de su entorno físico. Pero podemos continuar afinando, porque la humanidad no es una sino diversa, y en el entorno de cada grupo humano no sólo hay paisaje, plantas y animales, sino el resto de los grupos humanos. La primera norma de supervivencia en la naturaleza (todavía hoy la mejor comprendida) fue sin duda: *comeos los unos a los otros*. Lo que acaso obligara, más tarde y en un dominio más restringido, a una segunda sugerencia: *amaos los unos a los otros*. La poco clara compatibilidad de ambas normas y el legítimo anhelo humano por el progreso obliga ahora, creo, a una tercera recomendación: *independizaos los unos de los otros*. Un fanático lo es siempre, me temo, de ciertas dependencias.

28
Sobre la idea de información

Sea un suceso y un observador. La ocurrencia de un suceso divide la historia del universo en dos partes, la del *antes* y la del *después*. Para el observador curioso, ambas etapas son de un interés bien diferente.

Lo más característico del *antes* es que el suceso aún no ha ocurrido, por lo que el observador sólo puede jugar a imaginar y a calcular expectativas. Durante el *antes,* el suceso solo puede ser verosímil, pero nunca más verosímil que lo cierto ni menos verosímil que lo imposible. He aquí los límites de la verosimilitud: la ocurrencia de un suceso es muy verosímil si se acerca a la certeza (mañana será otro día) y lo será muy poco si se acerca a la imposibilidad (la gata parirá una gaviota). La verosimilitud tiene grados, es una magnitud medible y merece por ello rango científico. Se llama *probabilidad* de un suceso a la medida (o al grado) de su verosimilitud. Cualquier suceso real tiene asignado ¡por el simple hecho de no haber ocurrido todavía! un número llamado probabilidad, un número entre el cero y el uno que mide su distancia a la certeza (valor uno) o a la imposibilidad (valor cero).

Lo más característico del *después* es que el suceso ya ha ocurrido. El concepto expectativa se evapora y al observador, testigo del acontecimiento, sólo le queda una cosa por hacer: sorprenderse. Sorprenderse mucho (después) si el suceso era (antes) poco probable y poco si lo era mucho. He aquí los límites de la sorpresa. En el límite inferior: ¿quién puede simular emoción alguna después de constatar el suceso de que cuando termina un día resulta que empieza otro? (Sorpresa casi cero.) Y en el límite superior: ¿quién puede disimular su emoción después de asistir a una gata que ha parido una gaviota? (Sorpresa casi infinita.) En realidad, llamamos sorpresa a un cambio del estado de ánimo provocado por una ganancia de información. *¡Información!*, una magnitud cuya medida, *después* de la ocurrencia de un suceso, depende de la probabilidad que tal suceso tenía *antes* de ocurrir, una medida que varía entre el cero (la suministrada por la ocurrencia de un suceso cierto) y el infinito (suceso imposible). En otras palabras, cualquier suceso tiene asignado ¡por el simple detalle de haber ocurrido ya! un número que mide la información en *bits* con el mismo desparpajo con el que el peso se mide en kilogramos o la potencia en vatios. Verosimilitud y probabilidad antes, sorpresa e información después. A partir de Andrei Kolmogorov se ha construido (1929) toda una *teoría matemática de la probabilidad* y, sobre ella, y a partir de Claude Shannon (1948), toda una *teoría matemática de la información*.

Ahora bien, resulta que cualquier ser vivo es, ante todo, un sistema que intercambia con su entorno tres cosas fundamentales: materia, energía e información. Las tres tienen rango científico, pero sólo las dos primeras gozan de solera científica, es decir, sólo la materia y la energía aparecen en la formulación de las leyes de las ciencias duras como la física o la química. La tercera, la información, no ha salido aún de los tratados de matemáticas. Cuando eso ocurra, ciencias más blandas (como la biología, la psicología, la economía o... la política) acaso den un gran salto. Y es que la naturaleza tiene poca culpa de los planes de estudios que se siguen en las escuelas y universidades.

29
La vida es una novela

Algún lugar de la Amazonia cerca de la triple frontera entre Brasil, Perú y Bolivia, a unos 300 kilómetros de Rio Branco en Acre, un día de febrero de 1993. Cuando nos detenemos, juego a contar el número de hojas de formas distintas que están a mi alcance; cuando caminamos juego a inventar una forma de hoja y, acto seguido, juego a encontrarla al borde del camino que vamos abriendo. Nos hemos perdido.

Vida y *literatura*, he aquí dos de las muchas peculiaridades observables en esta parte del universo. Quizá sorprenda, pero estos dos descomunales conjuntos, el de todos los individuos vivientes y el de todos los libros legibles, difieren en dos detalles:

(1) Un individuo vivo es un libro, pero del que sólo se ha editado una copia.

(2) Todos los individuos vivos son diferentes, sí, pero, a diferencia de las novelas, se trata de libros ¡escritos todos en un solo idioma!

El texto irrepetible de una novela (el *Quijote* por ejemplo) corresponde al *genoma* inscrito en el ADN de un individuo concreto (digamos *John Smith*) ¿Qué es un individuo vivo sino aquel conjunto de células con idéntico texto genético? Todo individuo vivo, como toda novela, sólo es idéntico a sí mismo, y ello a pesar de ciertas realidades innegables como el concepto de clon o el concepto de plagio literario.

Todos los individuos de una misma especie biológica, así como todas las novelas de una misma biblioteca temática comparten muchas cosas: es el *acervo genético* (del gato, del hombre...); es el *tema* de la biblioteca (histórica, negra...).

Y de los grupos de individuos a las partes de un individuo. Una novela está hecha de *frases* («En un lugar de la Mancha de...») y un ser vivo de *caracteres* biológicos (pelo rubio, rizado...), donde un carácter tiene un célebre soporte químico llamado *proteína*, que es, ni más ni menos, la molécula codificada por el no menos famoso *gen*. Y todo encaja porque los genes son, precisamente, los elementos que integran el genoma, el equivalente del individuo y de la novela. Una frase sólo tiene sentido en el seno de un texto. Las pocas frases autónomas (o libres de contexto) son aquellas que se erigen en un texto completo en sí mismas, como las frases hechas, los aforismos o las greguerías. No existen diccionarios de frases con las que componer diferentes textos. Sólo existen, en todo caso y para reforzar aún más el argumento, diccionarios del tipo de los de citas. Las proteínas tampoco existen fuera de la materia viva. No existen minas ni yacimientos de proteínas. El número de proteínas distintas no tiene límite; el número de frases posibles es infinito. ¡Siempre se podrá escribir un nuevo verso!

Y sigamos con las partes de las partes, porque las frases se construyen con palabras. Las palabras de la materia viva son unas moléculas llamadas *aminoácidos*. Todo encaja también aquí, porque con ellas se escriben las proteínas, es decir, las frases químicas de la vida. Y encaja más de lo que pueda parecer, porque un aminoácido se codifica genéticamente con unos elementos llamados *codones* (o *tripletes)*, precisamente las unidades cuya combinación da lugar a los genes. Una palabra no basta para escribir una novela mínimamente seria, como tampoco se puede decir que un aminoácido esté vivo. Hay palabras químicas (veinte aminoácidos), hay palabras en el diccionario de la Real Academia (unas ochenta y cinco mil) y hay palabras genéticas (sesenta y cuatro tripletes posibles), pero ya no hay palabras de rango biológico.

Se llega así al elemento irreductible con el que se escribe una novela o un pedazo de materia viva: el *abecedario*. Las palabras de una novela se escriben con un número variable de letras elegibles entre las veintiocho posibles del abecedario castellano; las palabras genéticas, los tripletes, se escriben con tres de las cuatro moléculas disponibles en el alfabeto genético, las así llamadas *bases*. Veintiocho letras sirven para escribir (o traducir) todas las novelas de toda la historia de la literatura; cuatro bases han bastado para componer todos los individuos que han vivido durante los últimos cuatro mil millones de años en el planeta. De hecho, hace bien pocos siglos que ambos abecedarios se han cruzado para que a un individuo vivo llamado poeta le diera por empezar a escribir sobre sus complejidades íntimas.

30
Sobre el alma de las medusas

Acuario de Nápoles, sábado 7 de marzo de 1998. Un pequeño local de paredes de ladrillo aloja el acuario más antiguo y exquisito de Europa. El agua se escapa, muy poco, de algunos de los tanques primorosamente cuidados. Invertebrados filtradores de agua como la ascidia (el visitante atento puede observar cómo las partículas en suspensión entran de repente por uno de los orificios y cómo, en otro repente, salen por el otro orificio; ¡pensar que es un genuino antepasado nuestro!); una escuadra de calamares translúcidos con inestables irisaciones (nadando contracorriente para no moverse); sepias atigradas (en la más perfectísima flotabilidad neutra); caballitos de mar junto a otra especie parecida a un pez trompeta que se diría es... ¡un caballito de mar antes de enrollarse sobre sí mismo! (de donde la regla de tres: un ortoceras es a un amonites lo que el pez trompeta a un hipocampo...); un cangrejo ermitaño que representa una cuádruple simbiosis (todo un miniecosistema ambulante);... nunca antes había visto tanta belleza. ¿O sí?

Sí. Acuario de Monterrey, Monterrey, California, la primera de varias veces a partir de 1988. Ante mí, un tanque oscuro atravesado por nítidos segmentos rectos de luz. De vez en cuando dos o tres medusas atraviesan uno, o dos, de los rayos de luz. Nunca antes había visto tanta belleza. Ahora sí.

Salíamos de la ciudad después de desayunar. Almorzábamos a medio camino (lo que el calenturiento Fiat Hispania celebraba con resoplidos de ballena) y llegábamos con tiempo sobrado para comprar y preparar la cena. De eso hace ya más de treinta años. El otro día invertí exactamente veintidós minutos para alcanzar la urbanización que ha engullido aquel pequeño pueblo, escenario de los interminables veranos de mi infancia. Supongo que en tiempos de Proust no era difícil buscar el tiempo perdido por el sencillo truco de encontrar lugares a la vez tan remotos y tan próximos. Pero el pasado ya no es lo que era. La calle central había desaparecido (o no era ya central), inútil preguntarse por los bosquecillos de pinos o por los caminos de carro o por los campos de melocotones (especie de piel morada, me temo que extinguida). La geología es más fiel que la biología o la cultura, así que recorrer el curso natural de las aguas no parecía mala idea. Tras cuatro mil metros de paseo, el corazón me dio un vuelco: las *mismas* aguas semiestancadas del arroyo, la *misma* tierra casi roja de la orilla, los *mismos* juncos, las *mismas* plantas acuáticas, las *mismas* libélulas, la *misma* higuera con su *mismo* hueco en el tronco, ¡el escondite en el que mi hermano y yo guardábamos nuestros secretos!, el *mismo* tufillo del limo, los *mismos* sonidos... Para alcanzar la perfección sólo sobraban dos cosas, un tendido de alta tensión que pasaba a unos trescientos metros y una granja de ladrillo para cerdos con su metálico silo de pienso brillando en una ladera cercana. Encontré una forzada posición que eliminaba ambas molestas novedades y entonces sí, entonces pude *ver*, emocionado, a aquellos *mismos* indomables aventureros de ocho y nueve años que acudían hasta aquel santuario con la siempre renovada ilusión de pescar una rana con un imperdible retorcido (el anzuelo) y una miga de pan (el cebo). El poder de evocación de aquel rincón era portentoso, pero atención, porque aquí empieza la reflexión.

En realidad, está más que claro que las moléculas de agua no eran las mismas, ni tampoco las moléculas de las plantas, ni las de las libélulas, ni las que estimulan los olores en la nariz y las texturas en la yema de nuestros dedos. ¡Ni las de nuestros dedos! Treinta años atrás los átomos y moléculas eran otros. Desde entonces la materia ha sido mil veces sustituida. ¿Qué es lo que permanece entonces? No son las partículas, sino sus relaciones mutuas, su orden..., es decir, una información. La esencia de las cosas está más en la forma que en la materia. Erwin Schrödinger cuenta algo parecido en algún lugar de sus memorias. Un ser vivo, cualquiera de nosotros, goza de un soporte material, pero, a diferencia de otras estructuras no vivas (como una casa, por ejemplo), nuestros «ladrillos» no permanecen. La calidad de vivo se mantiene, precisamente, a través del intercambio. Átomos antaño bien ordenados en el cuerpo vagan hoy ociosos por el universo... y viceversa. El lector de estas líneas apenas si conserva algunos átomos de su infancia, pero se resistirá a admitir que ya no es la misma persona cuando se evoca a sí mismo como el *mismo* individuo irrepetible. La identidad soporta muy bien el cambio de materia, pero muy mal el cambio de información. La identidad de un individuo vivo, lo esencial de sus caracteres físicos y psicológicos, sus filias y sus fobias, el potencial de sus prestaciones, todo eso está escrito en un texto genético que puede escribirse con materia, pero que es traducible, ¿por qué no?, a cualquier otro formato. ¿Cómo llamar a ese mínimo, no necesariamente material, que contiene la identidad de un individuo vivo? A la mayor parte de los seres vivos les hace mucha ilusión su propia existencia; algunos de ellos, inteligentes y caprichosos, incluso sueñan con la eternidad. Walt Disney hizo guardar su cuerpo en un congelador. Una solución más elegante pasa hoy por ir mirando cómo guardar la información del genoma en algún tipo de disco duro. Luchar contra el deterioro de la información es luchar contra el ruido. Longevidad significa entonces redundancia ¿Cómo llamar a esa identidad cuya existencia puede alargarse más allá de su eventual soporte material? Nada hay en contra de la resurrección de la carne si no se pierde el folleto completo de instrucciones ¿Cómo llamar al folleto de instrucciones? ¿Alma? Vale, aunque para ello haya que admitir que las medusas también tienen alma, y la sospecha de que podamos llegar a ser siempre los mismos sea una noticia fatigosa.

V
Sobre el tiempo

31
El tiempo de siempre

No se puede comprender el cambio sin inventar el tiempo, ni inventar el tiempo sin introducir algo de la idea de cambio. Por ello, lo primero que se asume es el tiempo uniforme y reversible de los relojes, un fluir de referencia que no robe protagonismo a las cosas de este mundo. Es un tiempo para describir sucesos ultrasimples, un tiempo sin pasado ni futuro: es el *tiempo mecánico*. Cuando las cosas no son tan simples, como una gota de tinta roja diluyéndose en el agua, el tiempo no sólo fluye, sino que lo hace del pasado hacia el futuro (ni el físico más optimista se sentará a esperar el espectáculo de una solución rosada separándose espontáneamente en agua clara y una gota de tinta roja): es el *tiempo termodinámico*. Un ser vivo tiene metabolismo y, por lo tanto, un tiempo propio a contrastar con el que percibe del exterior, el de los planetas y calendarios. Resultado: el tiempo no sólo fluye del pasado hacia el futuro, sino que ¡también se acelera! Por eso, entre otras cosas, los veranos de la infancia se nos antojan más largos: es el *tiempo fisiológico*. Pero sigamos, porque cuando las cosas se complican aún más, cuando un ser vivo accede al conocimiento, entonces resulta que puede llegar a darse cuenta de que él mismo es un producto de la historia, una historia descrita por un tiempo que no sólo se acelera del pasado hacia el futuro, sino que se bifurca en distintas ramas. Es un tiempo de estructura arbórea cuya frondosidad crece del pasado hacia el futuro: es el *tiempo histórico*, es el tiempo de la geología, la biología y la psicología, el tiempo del arte y la civilización, el que se intuía antes de inventar la física..., es, en fin, el tiempo *de toda la vida.*

(En otro tiempo, cuando las semanas parecían tener más días y las noches más horas, solía frecuentar la casa de un amigo músico para oír y comentar grabaciones de los grandes violinistas. Las veladas acabaron... hasta ayer, porque Susana, la hija de mi amigo, que entonces aprendía a caminar, vuelve hoy de su curso de virtuosismo en Holanda; mañana habrá reencuentro. El escenario es el mismo..., incluso hemos ocupado los mismos lugares de entonces en sillones y taburetes. Creo que estábamos diciendo aquello de que «Hei-fetz-es-El-vio-lín-y-no-dis-cu-ta-mos-más» cuando, de repente, por la derecha del rectángulo de la puerta abierta al fondo del estudio, caminando de espaldas con pasos muy cortos y los brazos extendidos, apareció Susana. «Ya nos vamos a dormiiiiiir, ¡di buenas noches, abuela!» Los brazos de la joven tiraban de los de la abuela que caminaba de frente, insegura, la joven con un guiño cómplice, la abuela con una sonrisa dulcísima, un poco desorientada. No dejaron de mirarnos hasta que ambas desaparecieron por la izquierda de la escena. «¡Adiós, adiós!», respondimos todos a una. A los pocos segundos Susana se reunía con nosotros. Somos exactamente los mismos de entonces, pero sólo yo me he quedado petrificado. Porque veinte años antes, sentado en el mismo sillón:... «Ya nos vamos a dormiiiiiir, ¡di buenas noches, Susi!» Era la guapa abuela tirando de las manitas de una niña que caminaba a trompicones, sin dejar de sonreír a la galería, feliz y desconcertada, apareciendo por la izquierda y desapareciendo por la derecha del mismo escenario. «¡Adiós, adiós...!» Al poco rato, la abuela se incorporaba a la velada.)

Este tiempo, capaz de repetirse irreversiblemente, es el tiempo de siempre, pero la física apenas si ha empezado a querer aprehenderlo.

32
Tarde calurosa del Oligoceno con brisa racheada meciendo dulcemente una exuberante botánica resinosa

Con sólo revisar mentalmente todo el arte, toda la ciencia y toda la mística de todos los tiempos y de todas las culturas, es posible descubrir la presencia tenaz de una misma cuestión. Ésta: *¿qué será de mí?* La ciencia no disimula su ilusión por trabajarla ni, sobre todo, su método de trabajo: desviar la atención hacia una pregunta auxiliar algo distinta. Ésta otra: *¿cómo he llegado hasta aquí?* Así es, no pocas disciplinas científicas basan su labor en restos de acontecimientos pasados que se van acumulando y duermen, en algún lugar del mundo, a disposición de cosmólogos, astrónomos, geólogos, paleontólogos, arqueólogos, historiadores, biógrafos, detectives, periodistas... La verdad científica es siempre provisional, finita su vigencia. Pero el objeto real, como el conjunto de los restos de los rastros de nuestros ancestros, permanece impasible durante una casi semieternidad como fuente y juez de verdades nuevas. Cualquiera de tales objetos, por modesto que sea, tiene mucho que ver con aquella pregunta esencial.

Tengo ante mí dos piezas de ámbar con inclusiones de insectos. La primera muestra el resultado de una inundación, ¡de una inundación de resina en una galería de un hormiguero! De este grupo de hormigas sólo sobrevive, cuarenta millones de años después, una especie muy parecida en Australia *(Leptomyrmex)*. Un paseo microscópico por esta pieza, de apenas un centímetro cuadrado, recuerda algo parecido a los últimos días de Pompeya: obreras, larvas, ninfas, huevos... Se trata del jardín de infancia de una colonia capturada en pleno trajín cotidiano. Es un paseo de emociones fuertes. Mencionaré sólo esta escena: una obrera traslada una larva firmemente sujeta entre sus mandíbulas: está claro que fue sorprendida mientras cumplía con su deber de buscar un lugar más fresco para la futura ninfa. Conmovedor. Lo mismo hacen muchas hormigas actuales, aunque ninguna sea idéntica a la que nos ocupa. La evolución biológica es necesaria, pero no obligatoria. Cuarenta millones de años pueden no ser nada para una buena idea.

La otra pieza muestra una historia bien distinta. En ella se aprecia que la resina original era muy fluida. Debía hacer mucho calor en aquel momento. Todos los insectos atrapados son voladores o saltadores. Hay una gran diversidad de mosquitos de fantasiosas antenas peludas o plumosas. Son tan minúsculos que no tuvieron la menor opción cuando una caprichosa turbulencia los estrelló contra la resina. Uno de ellos ha quedado «fotografiado» en posición de alarma y mira a cámara con una expresión de, se diría, mayúscula sorpresa. Recorrer la pieza de ámbar con la lupa y toparse de repente con una mirada a los ojos desde el Oligoceno sobresalta un poco. Porque hace casi cuarenta millones de años faltaban todavía casi cuarenta millones de años para que algo parecido a un ser humano pudiera disfrutar del paisaje. Ninguna de aquellas especies es idéntica a las actuales; la vegetación que hoy conocemos no puede explicar, ni de lejos, la enorme cantidad de ámbar presente en las minas. La evolución biológica no será obligatoria, pero es necesaria. En sólo cuarenta millones de años el paisaje se ha hecho del todo irreconocible. Sin embargo, hay suficientes datos en esta pieza de ámbar para imaginar una tarde calurosa del Oligoceno con brisa racheada meciendo dulcemente una exuberante botánica resinosa.

33
La primera broma de la historia

Barcelona, 28 de octubre de 1997. Una escena insólita en el restaurante La Balsa. En torno a la mesa, entre otros, Jordi Agustí, director del Museu de Paleontologia *de Sabadell, Jordi Serrallonga, del* Grup de Homínids *de la Universidad de Barcelona, y el padre de la paleoantropología moderna, el celebérrimo sudafricano Phillip V. Tobias. El local, muy concurrido a esta hora de la cena, se ha quedado mudo de repente. Todos miran con asombro a una figura encorvada que evoluciona entre las mesas caminando a extraños trompicones. Es el profesor Tobias haciendo, muy serio, una demostración técnica de cómo debía arreglárselas el primer bípedo del que se tiene noticia,* Australopithecus afarensis. *Hacía pocos segundos que le había explicado el contenido de este artículo, publicado años antes en el diario* La Vanguardia.

Nada más remoto en el tiempo que unas pisadas dejadas por unos homínidos durante el Plioceno. Nada menos familiar, en principio, que el paisaje de la meseta de Eyasi en Tanzania donde, en 1977, se encontraron tales huellas fósiles. Y, sin embargo, hay algo muy íntimo en estos restos. Tres individuos bípedos, quizás un varón, una hembra y un niño, caminaban durante un cálido atardecer, poco antes de que una lluvia de ceniza volcánica *sacara un molde* de su rastro en el húmedo terreno: una auténtica fotocopia en piedra de veinticinco metros de longitud. Un testimonio de tres millones y medio de años para un suceso que apenas había durado unos segundos. Algo había oído decir de las pisadas fósiles de Laetoli atribuidas a *Australopithecus afarensis*. Ponerse de pie y liberar las manos es lo primero que hace falta para desarrollar la inteligencia. Disponer del concepto mano es condición necesaria para poder convertir ideas en objetos, teoría en práctica, y para, en definitiva, empezar a hacer ciencia, probablemente la forma de conocimiento más antigua del mundo (he aquí, por cierto, el tapón evolutivo con que se enfrenta, pongamos por caso, el ya de por sí despabilado delfín). Pasmado ante una fiel reproducción de las célebres huellas en el Musée de l'Homme, a uno le daba casi por jalear mentalmente a la evolución biológica: «¡ánimo *Australopithecus*, ya estás en pie!». Era el principio de un largo camino: aún habían de transcurrir más de un millón de años para la industria lítica, tres millones de años para descubrir el fuego y casi tres y medio para enterrar a los muertos. Pero nadie me había comentado nunca un detalle extraordinario de las huellas de Laetoli. Las huellas del paseante de tamaño medio están ¡todas! meticulosamente sobreimpresas en el interior de las huellas del adulto. Éste era el detalle entrañable. Entrañable... ¿por qué?

El adulto va delante. La huella de tamaño intermedio es necesariamente posterior a la de mayor tamaño. Poco importa si su autor, llamémosle *Lucy*, iba sólo unos metros detrás o si pasó por allí al día siguiente (según los expertos, la diferencia no pudo ser superior a unas dos semanas). Lo que sí está claro es que *Lucy* caminaba mirando al suelo, atentísima a las huellas que la precedían y, dada su menor estatura, acaso se viera obligada a forzar el paso o incluso a dar graciosos saltitos. ¿Había alguna razón para un comportamiento así? Un peligro tipo *campo de minas* no parece muy verosímil, ni tampoco cierto raro automatismo, pues, en tal caso, el tercer individuo hubiera actuado de la misma manera. ¿De qué se trataba entonces? ¿De un juego?

Seguro, pero de un juego muy especial. De hecho, los cachorros de muchos animales juegan y el juego les sirve para *aprender a ser mayor*. Pero el juego de *Lucy* tiene unas reglas demasiado rigurosas y caprichosas, casi obsesivas. *Lucy* no tiene ni un solo fallo en su absurdo juego. Y sobre todo eso: su juego no sirve para nada. *Lucy*, sencillamente, se aburre. Juega para matar el aburrimiento. El juego no está al alcance de la otra cría, demasiado joven, y el aburrimiento no afecta al cabeza de familia, tal vez preocupado por alcanzar un refugio antes del anochecer. En otras palabras, se trataba, literalmente, *de hacer el burro*. Y, como todo el mundo sabe, ciertas burradas requieren inteligencia, en especial las deliberadamente inútiles.

Hace unas semanas le sugería a un eminente paleoantropólogo que en Laetoli quizá se había encontrado la primera broma fósil de la historia. «¿Cómo lo sabe usted?», preguntó no sin cierto fastidio. «Lo sé por pura casualidad...», respondí, «¡yo hacía exactamente lo mismo en la playa, cuando era un niño!» (Y todavía lo hago, aunque ahora sólo cuando estoy seguro de que nadie se fija en mí y de que no se avecina ninguna erupción volcánica en la comarca.)

34
Las edades de la materia

Formar la materia

La mano es un aliado del cerebro, la mejor solución para pasar de la teoría a la práctica. Gracias a ella, una idea puede llegar a convertirse en un objeto. Un prehomínido descubre bien pronto que ciertas prestaciones de la mano se prolongan con la ayuda de algo nuevo: el concepto herramienta. El material más inmediato es la piedra... y así se inicia la edad de piedra. La piedra se busca, se selecciona y luego, con un poco de gracia, se le da la forma adecuada. Encontrar y formar, eso es todo. Hace dos millones de años la industria lítica ya existía. La mano se superó a sí misma para percutir, raspar, machacar... Pero otras funciones como cortar, pescar o arar todavía eran, hace cinco mil años, pero que muy mejorables...

Transformar la materia

El metal confirma algo que la piedra sólo sospecha: un buen filo. Pero, a diferencia de las piedras, el bronce no es natural, no yace en la naturaleza. Primero hay que buscar cobre y estaño, extraer los minerales, luego purificar por separado, alear con sabiduría y, sólo entonces, moldear con intención. Se inicia así la edad del bronce. La alquimia lo sueña y la química lo consigue: los materiales se combinan para dar lugar a otros distintos de propiedades imprevisibles.

Se buscan cosas que no se encuentran y se encuentran cosas que no se buscan, pero haciendo combinaciones con un poco de ingenio se logran proezas como fotografiar detalles íntimos de una bacteria o los confines de la galaxia. Transformar antes de formar. A la prolongación de la mano sigue ahora la prolongación de los cinco sentidos. Se accede a lo invisible por pequeño, a lo invisible por grande. No tanto a lo invisible por complejo...

Inventar la materia

Con la extensión de la percepción, el conocimiento bucea en la materia hasta sus partes más fundamentales, allí donde se guarda la información de su peculiar identidad. Ya no se trata sólo de la cocina macroscópica de materias preexistentes, ahora es posible diseñar las moléculas. Se empieza por una lista de propiedades y luego se inventa el material que la cumple. Se desean materiales a la carta: aerogeles, semiconductores, superconductores, cristales líquidos, ferrofluidos, cerámicas magnéticas... Informar antes que transformar o formar. A la prolongación de la mano y de la percepción sigue ahora la prolongación del cerebro. Una computadora no es un cerebro, pero extiende muchas de sus funciones más penosas y limitantes: el cálculo y la simulación. ¿Inventar también materia viva? Parece una tarea reservada a los dioses. Pero la mano ya alcanza a hurgar en el mundo de lo invisible por pequeño y de lo invisible por complejo, así que lo cierto es que ya sabemos cómo copiar o cómo corregir a los dioses...

El primer útil de piedra, el primero de bronce y la primera oveja clónica sirven entonces como símbolos de las tres edades de la humanidad. La materia viva transmite la información de dos maneras: genéticamente (por los genes a través de la herencia) o culturalmente (por cualquier otro método). La oveja *Dolly* es una muestra más de una reciente y radical novedad surgida del cortocircuito entre la información genética y la información cultural. La chispa ha tardado casi 4000 millones de años en saltar, pero ha saltado. Entre los humos de este chispazo asoman indicios de nuevas clases de beneficios y temores por nuevas clases de crímenes. El evento ha necesitado decenas de millones de siglos, y nosotros, que sólo vivimos unas pocas décadas, somos sus testigos.

35
La conmovedora historia del manatí huérfano *Tamaury* y de su noble antepasado *Matum*

Barcelona, 5 de julio de 1996. Por una inoportuna gripe de verano me pierdo el viaje a Santo Domingo en el que se presenta la exposición «Huracán, 1724», para la que he trabajado dos años con tantos amigos dominicanos. ¡Qué rabia! Días más tarde, postrado en la cama, recibo el diario El País *con la columna sobre Tamaury. La nostalgia aumenta. Algún diario dominicano también la publica. Dejo de fumar para siempre.*

El 28 de marzo de 1995, el patrón del *Mago del Mar*, fondeado frente al muelle de Barahona (República Dominicana), estaba a medio afeitar cuando descubrió, a través del improvisado espejo, un bulto gris brillante que flotaba hacia la proa. Se asomó con una mejilla enjabonada. Y se conmovió. Un bebé de manatí de pocos días, desorientado y deshidratado, gastaba sus últimas energías buscando un pezón materno en la panza de la barca. El pescador sabía muy bien que en todo el largo del perímetro costero apenas nadan hoy dos docenas de este pacífico mamífero acuático, el *Trichechus manatus manatus*.

Poco después, el animal ya tenía nombre: *Tamaury* (en honor de dos jóvenes biólogos, Tammy Domínguez y Amaury Villalba, muertos al caer la avioneta desde la que, justamente, preparaban el primer censo de manatíes en libertad). *Tamaury* figura en la portada de la última edición de la guía telefónica de la República, es el emblema del Acuario Nacional y se espera que pueda seguir unos veinticinco años como símbolo de la resistencia a la extinción. De momento, lo que más parece necesitar es afecto, continuas raciones de afecto. Durante las dos semanas que frecuenté el acuario, lo primero que hacía al llegar por la mañana era perderme para saludar a *Tamaury*. Un breve chapoteo con la mano en cualquier punto del tanque... y allí estaba el animal, loco de alegría por el detalle. El manatí es un sirenio, un término de, dicen, justificada etimología. Una larga travesía sin avistamientos de interés erótico, un poco de vino o ron y las clásicas mamas de mamífero escabulléndose entre la espuma de las olas dibujan un cuadro de alto riesgo alucinógeno pro concepto sirena. Es posible que la representación de la ninfa marina se haya reinventado varias veces durante la antigüedad. En biología, la «reinvención» —nótese por ejemplo el ojo de un pulpo *versus* el ojo humano— se llama convergencia. Una historia parecida a la del huérfano *Tamaury* ya se tenía por cierta casi cinco siglos antes, cuando los manatíes se contaban por millares en aquellas aguas. Es la historia del noble *Matum*.

En el libro VIII de la Tercera Década (compuesta en 1514 y 1515) del primer tomo de las *Décadas del Nuevo Mundo*, de Pedro Mártir de Anglería, primer cronista de Indias, se lee (traducción del latín de Agustín Millares, 1989):

«El reyezuelo de la región, llamado Caramatex, era muy aficionado a la pesca, y un día vino a caer en sus redes un cachorro de ese pez enorme que los indígenas nombran manatí, y que, a mi parecer, es una especie de monstruo desconocido en nuestros mares; trátese de un cuadrúpedo con forma de tortuga pero sin concha; su corambre es tan dura que desafía a las flechas y está armado de infinitas verrugas. Alimentó al animalito el reyezuelo durante unos días con pan de yuca y de otras raíces que comen los hombres. Todavía pequeño echólo en un lago cercano a su morada, como en un vivero... El pez anduvo libre en aquellas aguas durante 25 años y creció extraordinariamente... Habíanle puesto el nombre de *Ma-*

tum, que quiere decir "bizarro", "noble", y cuando algún familiar del reyezuelo, particularmente aquellos que el pez conocía, gritaba en la orilla de la laguna "matum, matum", o sea noble, noble, acudía al que lo llamaba, recordando el beneficio recibido, alzando la cabeza y dejándose alimentar por la mano. Cuando alguno daba muestras de querer cruzar al otro lado, el animal, tendiendo el cuerpo, lo invitaba a hacerlo; y es cosa averiguada que en ocasiones se montaron hasta diez personas de una vez...».

36
La tragedia del *Guadalupe* y *La Tolosa*

Santo Domingo, años 1995 y 1996 en el laboratorio de la Comisión de Rescate, el Monumento a Colón y en el Museo de las Casas Reales. Objetos y más objetos rescatados de diferentes naufragios. Conversaciones interminables sobre los objetos con María de las Nieves Sicart, Francis Soto, Tracy Bowden, Pedro Borrell, Fernando Vega... Tras los restos y rastros de nuestros ancestros.

Se dice y quizá sea cierto:

23 de agosto de 1724, el «Guadalupe»

El piloto mayor, Antonio Pérez Salcedo, con mucha experiencia en el Caribe (es su cuarto viaje) ha desaconsejado con vehemencia zarpar esta mañana. En su opinión, el riesgo de un huracán es muy alto. Pero el teniente general Baltasar de Guevara, comandante de la flota de azogues, ha impuesto su autoridad después de dejar constancia escrita de la oposición del piloto. En estos momentos, contempla el paisaje desde su cámara privada del *Nuestra Señora de Guadalupe y San Antonio,* la capitana.

Es un buen navío de 50 cañones construido, 22 años antes, en Campeche. Sus bodegas llevan un importantísimo cargamento de mercancías del Rey, azogue (mercurio, 250 toneladas, para explotar las minas de oro y plata de las Indias occidentales), bulas, aceite, aguardiente, vino, clavazón y herrajes con destino a los astilleros de La Habana. El *Gua-*

dalupe se ha hecho a la vela al despuntar el alba en el puerto de la Aguada en Puerto Rico, donde la flota ha estado amarrada cuatro días para proceder a ciertas reparaciones que precisaba el otro navío de la flota, la almiranta *San Joseph* alias *La Tolosa*. También se ha cargado agua y alimentos frescos.

El comandante mira por la ventana y piensa que mañana al amanecer avistarán el cabo San Rafael de la isla de La Española. El viento ha cambiado de dirección y ahora sopla del norte y muy frío. El comandante está un poco preocupado.

El «Guadalupe», tres meses después

El piloto mayor, Antonio Pérez Salcedo, tenía razón. Ha sido una tragedia enorme; cien personas de las 650 que iban a bordo han perecido. Aquel día del 24 de agosto las dos naves iban costeando, la una a la vista de la otra, cuando el viento del norte alcanzó una fuerza tan tremenda que obligó al comandante Guevara a refugiarse en la bahía de Samaná a la espera de que el temporal amainara. Pero las cosas se pusieron cada vez peor y las dos naves hermanas comenzaron a separarse. A media noche, en el *Guadalupe*, las velas y aparejos empezaron a romperse, los mástiles se quebraron y se desplomaron sobre las cubiertas. Muchos de los pesados cañones de hierro se soltaron de sus amarras y rodaban de lado a lado aplastando cuanto encontraban a su paso. El comandante Guevara mandó tirar un ancla que encalló hacia las dos de la mañana. El barco se hundió dejando sólo la cubierta principal fuera del agua. Los infelices pasajeros que se habían reunido en las cubiertas inferiores para no entorpecer la lucha desesperada de los marineros se ahogaron inmediatamente.

Muy temprano, en la mañana del 25 y con el tiempo todavía muy agitado, Guevara mandó echar una lancha al agua, para, junto con algunos oficiales, tratar de alcanzar tierra y buscar ayuda. Pero estando todavía junto al galeón, una ola enorme estrelló la pequeña embarcación contra el costado de la nave matando a todos sus ocupantes.

Hace ya tres meses que el galeón yace en el fondo arenoso. Faltan casi tres siglos para que alguien, un pescador dominicano de caracolas, redescubra los restos del *Guadalupe*.

23 de agosto de 1724, «La Tolosa»

Pañol de pólvora del otro navío de la flota de azogues. Se trata de la almiranta: *San Joseph* alias *La Tolosa*, en honor de Alejandro de Borbón, conde de Tolosa. Es uno de los galeones mejor construidos y de mayor desplazamiento de la época. Está armado con 60 cañones. Ha sido comprado hace cinco años a Francia y lo manda el capitán de navío Sebastián de Villaseñor.

Al llegar al puerto de la Aguada en Puerto Rico, a los treinta y siete días de haber partido de Cádiz, Guevara quiso reparar las averías de *La Tolosa* y envió a tierra al maestre del *Guadalupe*, Francisco Barrero y Peláez, al alférez de fragata de *La Tolosa*, Martín Boneo, y a los maestros carpinteros. Cuatro días después, todo estaba listo para zarpar de nuevo. Pero no fue fácil salir del puerto. Los religiosos de la misión que viajaban en *La Tolosa* se negaban a embarcar; aún estaban indispuestos de una «gran resaca de mar» sufrida durante la travesía del Atlántico. Mientras les convencían, eso fue lo verdaderamente difícil, el *Guadalupe* navegaba a la capa esperando impaciente frente a la bocana del puerto. Ahora ya tenemos la proa rumbo a La Española (actual República Dominicana). Nos acompaña, como siempre, el *Guadalupe*. Siempre lo tenemos a la vista. Todo parece normal si no fuera por... las ratas. Están en todas partes, pero no son fáciles de ver. Hay primas para recompensar a todo cazador afortunado. Pero hoy se las ve más y se las ve un tanto nerviosas...

«La Tolosa», tres meses después

La Tolosa ha corrido peor suerte. Apenas treinta de las 600 personas que iban a bordo han podido salvarse. El furioso huracán lanzó la nave contra arrecifes más profundos. La escena a bordo ha sido un auténtico pandemónium. Los unos luchaban por salvarse y por ayudar a los demás, los otros buscaban sus pertenencias y guardaban entre sus ropas las pocas monedas de oro y plata que traían para establecerse en el Nuevo Mundo o las joyas de varias generaciones de sus familias, y los muchos que ni siquiera sabían nadar se arrodillaban alrededor de los padres franciscanos para encomendarse al Señor.

El impacto contra las rocas partió el casco y el galeón se hundió dejando sólo la cofa del palo mayor asomando fuera del agua. En ella consiguieron refugiarse siete marineros que fueron rescatados 32 días después (!) enloquecidos por la ingestión de agua de mar y las calamidades.

No hay consuelo para tal balance de pérdidas. Además de la preciada carga del rey, las 250 toneladas de mercurio, materiales para astilleros de La Habana y una cuantiosa y diversa mercancía, en *La Tolosa* viajaban también... animales. Algunos solían ser invitados especiales: caballos, perros, ovejas y, sobre todo, cerdos, un preciado alimento fresco para oficiales. Otros animales son en cambio polizones mil veces reincidentes: pulgas, piojos, gusanos y, sobre todo, ratas, muchas ratas. Nuevos y extraños habitantes han invadido la escena. Por ejemplo: hace días que una solitaria barracuda inspecciona, curiosa, el antiguo pañol de pólvora.

37
Breve historia de una moneda de oro
Comparada con la historia del navío que la llevaba, vista desde la cueva de un pez, como si éste tuviera el juicio de un historiador de los viajes que unieron dos mundos

27 de agosto de 1724: todo ha terminado...

Desde una cueva de arrecife de coral, a diez metros de profundidad, un huracán no se vive mal del todo. En el interior del abrigo se aprecia un cierto vaivén del agua, es verdad, pero no deja de ser confortable. La superficie del mar se ve agitada, eso sí, como si la atmósfera intentara profanar el fondo del mar. Pero el silencio apenas se altera aquí abajo. Hace tres días, cuando *La Tolosa* se estrellaba una y otra vez contra las rocas, llegaban hasta aquí inquietantes sonidos sordos. Pero nada comparable al estrépito espeluznante del exterior. Lo que vino a continuación no es fácil de olvidar. La oscura panza del navío aparecía y desaparecía allá arriba en un techo de nubes de espuma... hasta que, de repente, tras un último y más fuerte topetazo, surgió la masa del galeón vencido, descendiendo lentamente y soltando enormes torres de burbujas, hasta posarse justo ahí delante. Sólo la cofa del palo mayor ha quedado fuera a merced de la furia del huracán. El silencio desde entonces es sobrecogedor. Ni gritos, ni quejidos, ni blasfemias, ni promesas, ni crujidos, ni golpes. De vez en cuando algo se desmorona o se reajusta aquí o allá. Algunos objetos rezagados todavía descienden hasta apoyarse dulcemente en el fondo. Por ejemplo: una moneda de oro. Ya hace dos días que no pasa nada aquí abajo. Se diría que todo ha terminado.

9 de noviembre de 1724: todo está perdido

Ya nos vamos acostumbrando. La *Tolosa* se gana, poco a poco, un lugar en este paisaje submarino, un paisaje ciertamente no muy honroso para un galeón de la flota de azogues del rey. Los tiburones ya no merodean por aquí, pero muchas otras especies se acercan ilusionadas para instalarse entre los restos del galeón. Durante los primeros días aún se intuía cierta actividad fuera del agua. De vez en cuando, cerca del palo mayor, caían al agua cortezas de calabaza. La cosa duró unos treinta días. Todo acabó con una breve visita de una chalupa. Desde entonces nadie más había visitado el lugar. Hoy sí. Hoy, a media mañana, se ha presentado una balandra que, al llegar aquí, ha dejado caer un ancla y ésta ha hincado uno de sus dientes en una calva de arena. Casi inmediatamente han irrumpido tres chorros de burbujas plateadas en el azul turquesa de este espléndido día. Al menos dos de los buceadores parecían indios. Han inspeccionado la situación. El mercurio del rey es totalmente irrecuperable, de eso se han convencido enseguida. ¡Es tan poco el tiempo que pueden permanecer bajo el agua! Debe de ser terrible estar confinado en la atmósfera, sin poder salir prácticamente de ella, siempre fuertemente pegados a una superficie, sin poder subir, ni bajar, siempre arrastrándose penosamente por la tierra o por las olas del mar. Y cuando algo se les escapa de tan estrecho mundo, entonces tienen que acabar admitiendo eso, que todo está perdido. Ahí, semienterrada en la arena, una moneda de oro...

24 de agosto de 1849

Ya nadie se acuerda... Hace ciento veinticinco años muchas personas perdieron aquí la vida. Eran viajeros que, por una razón u otra, se aventuraban al otro lado del Atlántico. Los unos, simplemente, para intentar cambiar el rumbo de sus vidas. Los otros con la voluntad de cambiar el mundo. Algunos, siempre los hay, en busca de lo radicalmente nuevo. Otros, porque algún trabajo hay que tener. Otros pocos, empujados por no se sabe muy bien qué. Caballeros o damas de alto rango, marinos, soldados, clérigos, comerciantes, polizones..., en todos hay algo de heroico. Siempre hay una dosis de heroísmo en un viaje. Bajo el fondo de los mares (más de los mares que de los océanos, al parecer) duermen cientos, miles de testimonios de tales intentos. El tiempo pasa, pero los restos de los rastros de nuestros ancestros se acumulan, siglo tras siglo, bajo la arena o en el núcleo de nuevos crecimientos. El mar devora ocasionalmente a sus víctimas en un ataque de ira, pero la ira se le pasa pronto. Luego las digiere.

El agua, la sal, el oxígeno y toda clase de concreciones vivas transforman los objetos extraños hasta que parecen propios. La moneda de oro, sin embargo, permanece idéntica a sí misma. Ya nadie se acuerda de las gentes del *Guadalupe* y *La Tolosa*... De momento.

27 de junio de 1977

Nunca hay nada del todo perdido. Ha transcurrido más de un cuarto de milenio. Pero todo se parece aquí a cualquier día de hace mil años, o dos mil años. O más. La misma cueva, las mismas especies. Los arriesgados pescadores de unas grandes caracolas de carne muy apreciadas en el país (el lambí) son los únicos que frecuentan estas profundidades. Un bote impulsado por una modesta vela arrastra a un buceador que peina el fondo en busca de su sustento. Respira por un tubo conectado a un frágil compresor manejado por su socio del bote. Entre caracola y caracola, algo llamó la atención de uno de estos arriesgados pescadores, muy cerca de aquí. Oro. Del pescador a los pescadores, de los pescadores a las autoridades competentes y, de éstas, a los oídos de

Tracy Bowden, capitán de un pequeño barco, el *Hickory*, equipado para buscar tesoros.

Hoy han bajado el capitán Tracy Bowden y también Jonathan Blair, el célebre fotógrafo del *National Geographic*. Han llegado con el corazón al galope. Empiezan los trabajos. Participan descubridores de tesoros, marinos, arqueólogos, fotógrafos submarinos, historiadores, museólogos y ciudadanos ilusionados por reconstruir la vida cotidiana de hace dos siglos y medio: nunca hay nada del todo perdido. La moneda de oro ha desaparecido.

13 de agosto de 1995: el tiempo pasa

Durante los siglos XVII y XVIII existían pequeñas flotas de salvamento que, ancladas en los puertos de La Habana, Veracruz y Panamá, esperaban noticias o rumores de naufragios para zarpar de inmediato a su rescate. Se les veía pasar de vez en cuando en busca de las riquezas de naufragios recientes con sus cubiertas principales asomando fuera del agua o a poca profundidad. No era mal negocio. Pero el pesado mercurio aprisionado en el fondo de las bodegas del *Guadalupe* y *La Tolosa* desanimó a los más optimistas. El tiempo pasa. Ya hace casi veinte años que se rescatan objetos de estos barcos, objetos que hablan de otros siglos y que alimentan nuevos museos en la isla. El *Hickory*, un viejo y cansado barco de hierro de 130 pies de eslora y 24 pies de manga, ha llegado al fin de su vida y ha sido hundido para la delicia de la fauna marina y de los buceadores que buscan emociones fuertes. Otro barco, el *Dolphin*, ha ocupado su lugar en las mismas tareas. Todavía surgen, de vez en cuando, objetos repletos de tiempo y, por lo tanto, también de emoción. Sólo la moneda no necesita de ningún tratamiento especial.

Este año han llegado nuevos personajes a la zona para sumarse a las investigaciones. Se trata de una curiosa combinación de jóvenes ingenieros navales españoles interesados en estudiar la arquitectura naval de los galeones, y científicos y museólogos del Museu de la Ciència de Barcelona, entusiasmados no se sabe muy bien por qué ni para qué. Ya se verá. El tiempo siempre acaba pasando. Es sólo cuestión de tiempo.

27 de agosto de 1995: la inversión del tiempo

Fortaleza de Ozama de Santo Domingo, laboratorio de la Comisión de Rescate Arqueológico Submarino. Son las nueve de la mañana. El laboratorio está en plena actividad. Unos acaban de llegar del mar con nuevos restos, otros preclasifican, otros clasifican y otros rescatan o recuperan. Los objetos proceden sobre todo de la flota de azogues, el *Guadalupe* y *La Tolosa,* y de otro galeón hundido casi un siglo antes, en 1641, el *Nuestra Señora de la Concepción.* La excitación hoy es máxima aquí, porque Francis, uno de los responsables del centro (y al mismo tiempo uno de los infatigables e inmareables buceadores de la Comisión), ha encontrado un auténtico tesoro: el cofre de un comerciante con una botonadura completa de camisa y dos broches de diamantes montados en oro. Después de más de 250 años del naufragio y de cientos de rescates de todas las épocas, el *Concepción* todavía guarda tesoros con los que premiar la paciencia, tesón y riesgo de los buceadores. Pero el buen ambiente no es sólo por las insólitas y bellísimas joyas. Su propietario original las había guardado con esmero junto a un enigmático bote cilíndrico de plomo, herméticamente cerrado y repleto de una muy extraña pasta oleaginosa ¿Qué es esto? ¿Por qué es tan valioso? Todos bromean. Alguna droga secreta, algún exquisito manjar, algún refinado cosmético... Uno de los visitantes de Barcelona, intrigado, pide unos gramos para analizar.

El agua del mar, con los siglos, transforma los objetos; la

ciencia, en pocos meses, intenta recuperarlos. La naturaleza deja fluir el tiempo, el científico lo retuerce y le da la vuelta. El agua invierte un tiempo, el laboratorio invierte el tiempo. Entre otros objetos recuperados, la moneda de oro brilla en una vitrina... como el primer día.

38
La condición humana

Santander, martes 11 de marzo de 1997. Cuevas de Altamira. La comisión científica que asesora las obras de un museo adjunto a la gruta está compuesta por científicos, museólogos y arquitectos. Visito las pinturas por segunda vez en mi vida. Y me hago la misma reflexión que la primera vez. El artista que pintara aquello hace quince mil años era un enorme artista, pero podría ser, perfectamente, el vecino de la escalera. Algo no cambia.

La cosmología, la paleontología, la arqueología y la investigación policíaca son ciencias que aspiran a reconstruir la historia. La pregunta siempre es la misma: «¿Qué ha pasado aquí?». Y para intentar la respuesta..., poca cosa en general: una radiación, un fósil, un fragmento de cerámica, una huella dactilar... El estado natural de todo buen eslabón es, sin duda, el de perdido. A medida que el pasado devora el futuro, las leyes de la naturaleza permanecen, mientras que lo que éstas permiten, es decir, la realidad de este mundo, cambia sin cesar. Hoy sabemos un poco de lo mucho que ha cambiado el universo, la Tierra, las especies vivas... Pero ¿qué hay de la condición humana? ¿Cambia también? ¿Hay alguna diferencia esencial entre un cazador del paleolítico y un vecino de la escalera? La pregunta tiene interés para, por ejemplo, ayudar a comprender la historia del arte. Ahí van, por si pudieran ser relevantes, dos emociones que se desprenden de dos huellas concretas de nuestro pasado.

La primera emoción ocurre en el Museo Arqueológico Nacional. Tengo muy poco tiempo y camino a buen paso entre las vitrinas. De repente, algo interesa a un rincón de mi cerebro, pero voy tan rápido que, aunque remiro, ya no lo veo. Busco hacia atrás. ¡Ahí está! Se trata de una pequeña figura de barro que representa, clarísimamente, un joven travestido. Parece recién salido de un típico espectáculo erótico-ambiguo-folclórico de cualquier ciudad del país: la mano izquierda suelta y descarada, una mirada picarona cargada de pestañas y andares de gato en celo..., o así lo recuerdo ahora. No hay error, no hay duda: estoy en una sala dedicada a la Antigua Grecia, pero hay algo inconfundiblemente próximo en la esencia de ese gesto, algo con lo que nunca me había tropezado antes en ningún texto de la época o sobre la época. Se diría que veinticinco siglos no son nada, que la condición humana no cambia.

Segunda emoción. Los invitados visitan la antigua estación de Gijón que pronto abrirá sus puertas como museo. Me quedo atrás cautivado por una fotografía en la que aparecen los obreros que la construyeron celebrando, a la vuelta del siglo, el fin de los trabajos. Son más de un centenar. Todos miran a cámara conscientes de participar en un salto hacia la modernidad. El primer tren está a punto de llegar. No sé qué es, pero hay algo extraordinario en la escena... De pronto me doy cuenta ¡Nadie sonríe! ¿Es posible que en un momento así a ningún alma sensata entre cien se le ocurra hacer una broma? Pero un instante después caigo en que no hay nada extraordinario en ello. Desde el principio de la fotografía hasta bien entrado el siglo XX, pocos son los que sonríen a una cámara. Repase el lector su propio álbum familiar. Recuérdense, por ejemplo, las célebres escenas de los Congresos del Instituto Internacional Solvay de Física en Bruselas, con la mayor concentración de sabios de la historia de la ciencia. Ni el menor asomo de sonrisa hasta la de 1933, en la que el brillo de alguna mirada, como la de Louis De Broglie, presagia un giro radical. Hoy, la sonrisa es tan amplia que rompe los semblantes de los congresistas. ¿Qué pasaba entonces? ¿Una mera cuestión técnica? Asomarse a la posteridad (y mirar a cámara lo es) era algo muy serio. Y al parecer, sonreír no era serio. El futuro ya no es lo que era. Se diría que unas pocas décadas han tardado más de veinticinco siglos en pasar, que la condición humana cambia. Contradicción.

La contradicción es entre dos matices y, por lo tanto, podría no ser grave. Sin embargo, la esencia es, con mucha frecuencia, eso: una cuestión de matices.

VI
Sobre la emoción

39
Sobre la pereza intrínseca de la materia

Tokyo, martes 5 de noviembre de1996. Jean Enric Aubert, director de ciencia, tecnología e industria de la OECD, me ha invitado a este macrosimposio sobre la comprensión pública de la ciencia y la tecnología. Los japoneses están preocupados por la vocación científica de su juventud. Todos quieren, cada día más, ser hombres de negocios. La organización de la reunión es de una eficacia algebraica. Y la sala de conferencias impresionante, estilo art déco, de altísimas líneas verticales, imperialmente sobria. El millar largo de asistentes se divide en cuatro grupos. En la parte delantera y a la derecha del escenario se sientan los funcionarios internacionales; a la izquierda los políticos de la gestión cultural y científica; en el centro, en mesitas individuales, los científicos y pedagogos; en una franja inmediatamente detrás, la prensa; y en el resto de la sala, la audiencia. Han sido tres días de ponencias y debates y es la hora de las conclusiones. En el púlpito habla un ministro del gobierno japonés. Habla en japonés y son muchos los que se aprietan el auricular de la traducción simultánea al inglés. Dos mesitas delante de mí y tres a la izquierda, en línea visual con el orador, un antiguo conocido, físico y museólogo italiano, parece concentrarse más que nadie. Tiene el auricular en el oído derecho, cogido con las dos manos y la cabeza hundida entre ambas. Lo miro distraídamente. El siguiente orador es estadounidense, habla en inglés, pero mi amigo italiano continúa en su forzada postura. Pienso, divertido, que como viejo gladiador de reunión de organismo internacional se ha hecho una «cabañita» y se ha dormido. Me obsesiona su habilidad. No puedo apartar la mirada de su tensa figura natural. Me recuerda las posturas de los malos alumnos copiando en los exámenes. Pero... ¡cuidado! La mano derecha se ha soltado, se ha relajado y, aunque muy muy lentamente, todo él está deslizándose hacia el lado derecho. ¿Qué pasará una vez finalizado el recorrido, es decir, dentro de unos veinte centímetros? La escena es apasionante. Pero no pasa nada: ¡qué decepción! Como si tuviera un sensor especialmente montado para ello, resulta que en el último milímetro ha restituido, y sin despertarse, su posición inicial... ¡Cuidado! ¿Otra vez? Pero tampoco pasa nada. La técnica es perfecta. No parece que vaya a pasar nada, así que recupero el hilo de las conclusiones. Pasan los organizadores y pronto les tocará a los científicos. Y ya estaba repasando mis notas cuando un pequeño estruendo sobresalta nuestra zona. Pues sí. ¡Al final se ha caído! El durmiente se sopla las gafas mientras inspecciona las patas de su silla en busca de un defecto imperdonable. Mientras me dirigía al estrado tragándome una sonrisa, recordé un caso algo más grave. El escultor Aulestia, a quien conocí allá por los años setenta, también se durmió una noche en una conferencia. Pero si los asistentes a dicha conferencia acabaron todos desorientados y mirándose los unos a los otros fue porque el conferenciante no era otro que él mismo, el propio Aulestia.

Al llegar al atril ya había decidido añadir una breve introducción: «La transmisión de conocimiento, empecé diciendo, siempre es un acto entre dos mentes, una que emite y otra que recibe. Son dos, ¡dos!, las mentes que deben abrirse, la mente emisora y la mente receptora. ¿Cómo conseguir tal cosa? Creemos que, independientemente de cuál sea el contenido del conocimiento y de cuál sea la forma o el medio de la transmisión, la predisposición de las mentes siempre necesita renovar sus estímulos. ¿Cuáles son los estímulos de la mente? Quizá sea eso que llamamos emoción...» Es una buena pista, que vale la pena explotar, pensé. Mientras tanto, mi amigo italiano asentía con solemnidad y vehemencia desde la segunda fila de mesitas...

La materia viva tiende a la pereza. Entre hacer y no hacer, mejor no hacer. Hacer no sólo significa gastar una energía muy difícil de ganar, también supone un alto riesgo de ser víctima de las necesidades energéticas ajenas. Para vivir hay que resolver la pereza inherente a ciertas funciones fundamentales: respirar, comer, beber, procrear, cuidar de uno mismo, cuidar de la prole, aprender... ¿Cómo se consigue tal cosa? ¿Por qué tengo que abandonar mi confortable guarida para salir por ese mundo incierto en busca de comida, bebida, remedios para la salud, o incluso de una pareja a la que convencer de una vida en común? ¿Por qué justamente ahora y no luego? ¿Por qué desvivirnos por unos descendientes en lugar de comérnoslos, lo cual sería, por partida doble, más económico? Un truco para que la materia venza su pereza intrínseca es recurrir al estímulo. El hambre (acuciante), la sed (monstruosa), el dolor (insoportable), la atracción sexual (urgente), la pasión amorosa (obsesiva) o la ternura (turbadora) que transmiten las inocentes crías, son estímulos para garantizar otras tantas funciones vitales. Los estímulos pueden ser burlados, no así las funciones que protegen. Nadie se muere de hambre, sino de inanición; es decir, se muere, en todo caso, de falta de hambre. Las especies vivas inapetentes hace ya tiempo que no están vivas. Está claro: toda gran función vital (toda aquella función que ayuda a la materia viva a seguir siéndolo) debe consagrarse por medio de un gran estímulo.

El conocimiento es quizá la última gran función de la vida. Entre la primera célula procariota y Shakespeare han transcurrido nada menos que 3800 millones de años. El hambre, por ejemplo, fue en su día el estímulo de grandes progresos metabólicos: la fermentación, la fotosíntesis, la respiración aerobia, la mitocondria y la célula eucariota... Pero el conocimiento científico, otro ejemplo, sólo existe desde hace pocos miles de años, quizá sólo desde hace tres o cuatro siglos. Se trata sin duda de una gran función vital ya que, gracias a ella, el ser humano se considera a sí mismo como lo más notable de esta parte de la galaxia. El conocimiento ha pasado con notable alto el examen de la selección natural, pero es tan reciente que aún no ha habido tiempo para que se consagre nada que merezca llamarse *sed de conocimiento*. ¡Cielos: una función vital que anda suelta por ahí sin su correspondiente estímulo! El conocimiento ha permitido construir, muy rápidamente, una sociedad que depende cada día con más fuerza de la ciencia, pero sus miembros, fatigados y faltos de estímulos, se alejan, también cada día más, de los resultados y de los métodos de la ciencia. ¡Una ciudadanía científica de ciudadanos acientíficos! La cuestión alcanza al mismísimo concepto de democracia: ¿cómo pretender participar en el futuro de una comunidad científica sin opinión científica? La convivencia humana se ha esculpido a golpe de conocimiento, una gran función vital desprovista aún de grandes estímulos. Está claro que no podemos esperar a que la evolución biológica nos los seleccione. A lo mejor la historia de la infamia humana es la historia del escamoteo de tal clase de estímulos. A lo mejor resulta que el conocimiento no es aplazable ante nada, ni siquiera ante la disponibilidad de energía, de alimento... A lo mejor aplazar en este caso incluso es la razón, justamente, de tales carencias... A lo mejor la *pedagogía* es sólo eso: el arte de la creación y transmisión de estímulos para el conocimiento.

40
Breve teoría de la emoción

Sauternes, Francia, lunes 13 de noviembre de 1995, bodegas del Chateau d'Yquem. Empieza el día más recordable de mi vida. Son las 12.35 y en el comedor del castillo el presidente Monsieur Lur-Saluces, miembro de la familia fundadora del legendario vino, acaba de pedir una botella de 1988. El color es de un oro intenso. Lo tomamos como aperitivo y como postre. Hablamos de una botella centenaria llena de un líquido oro viejo-barniz Stradivarius, la más antigua, la única que queda. Y seguimos hablando del milagro de la simbiosis de la uva con el hongo. Le comento que la escena tiene título: sobre la exquisita percepción de lo improbable. Escucha, piensa, sonríe y levanta levemente la copa. A las 16.00 llego a las bodegas del Cheval Blanc en Saint-Émilion, donde me espera su presidente Pierre Lurton. Tras la visita, y en una sala especial de degustación, probamos los caldos. Decido no imitar a los expertos que escupen el líquido que excede de lo necesario para la cata. Me atropello al hablar de la exquisita percepción de lo improbable. Al caer la noche llego a Eugénie-les-Bains. Se trata de asistir a la preparación de la cena, cenar y dormir en Les Prés d'Eugenie, el restaurante de Michel Gerard. El episodio es memorable, y la charla con el cocinero más sabio de Francia y su mujer se extiende hasta altas horas de la madrugada. Hablamos del humo, de lo dorado, del sonido de lo crujiente, de la suavidad, de las conservas y de la exquisita percepción de lo improbable. Ha sido el primer día de un viaje, invitado por el Comité Colbert, para estimular una reflexión sobre los cinco sentidos. Los tres textos que siguen arrancan de este día trece.

Un ser vivo es un rincón del universo empeñado en distinguirse de sus alrededores. Estar muerto significa seguir mansamente los azares del entorno inmediato: calentarse cuando se calienta, secarse si se seca, agitarse cuando se agita, desgastarse si se desgasta, fluctuar cuando fluctúa... Estar vivo es evitar que el resto del mundo devore las diferencias, es eludir el tedioso equilibrio final. Y mantener una tensión crítica con el entorno significa mantenerse independiente de sus caprichos. Pero ser independiente de algo requiere intercambiar información con ese algo. Para vivir hay que percibir. La percepción empieza en el mundo físico de la luz y de las partículas, entra por el mundo fisiológico de la piel, mucosas y órganos diversos, se procesa en el mundo cerebral y culmina en una compleja emoción psicológica. Sabemos mucho del mundo físico, algo del fisiológico, poco del cerebral... y casi nada de emociones.

Hay cinco combinaciones basadas en uno solo de los cinco sentidos. (El vidrio de la vitrina sólo deja pasar la *vista;* el látex de los guantes del cirujano sólo deja pasar el *tacto;* los auriculares de alta fidelidad sólo son para el *oído;* el azúcar es una exclusiva *papilar*, y el ambientador olor-a-pino no aspira más que al *olfato*.)

Hay diez emociones que combinan dos de los cinco sentidos. (El humo es un objeto *olfatovisual*, con frecuencia insaboreable, que se escapa silenciosamente entre los dedos. La televisión es *audiovisual*, inútil olisquearla, lamerla o acariciarla. Hay besos delicados que no llegan a salirse del plano *tactolfativo*. El sonido del violín es una proeza *tactosonora* del violinista. La seda es una experiencia *tactovisual*....)

Las emociones que combinan tres sentidos también son diez. (La *audiotactovisual:* el papel de celofán multicolor ni sabe ni huele, pero multiplica la ilusión del efecto «abrir un regalo». El hojaldre es una agradable categoría *tactosonorogustativa* de la gastronomía; otra distinta es la *olfatogustovisual* del inquietante queso azul. Una hoguera es una ancestral experiencia *sonorolfatovisual* que precede con mucho a la *sonorolfatogustativa* del fumador pasivo....)

Hay cinco emociones que combinan cuatro sentidos. (Todo *menos oler:* un cristal de sal. Todo *menos sonar:* la miel sobre la tostada. Todo *menos ver:* la brisa marina pierde poco por cerrar los ojos. Todo *menos paladear*: una mascota de peluche. Todo *menos tocar:* la fastidiosa prohibición.)

Y sólo existe una combinación que combine los cinco sentidos a la vez. (Un buen cava: se *mira*, se *escucha*, se *huele*, se *acaricia* y, casi enseguida, se *degusta* la globalidad.)

Cinco de una, diez de dos, diez de tres, cinco de cuatro y una de cinco, o sea, 31 clases de emociones sensoriales. ¿Eso es todo? Se puede matizar más. El café huele mejor de lo que sabe y el pescado sabe mejor de lo que huele. Lo *olfatogustativo* puede distinguirse de lo *gustolfativo*. El humo puede ser *olfatovisual* o *visualolfativo*, porque de lejos se ve antes que se huele y de cerca se huele antes que se ve. Si en cada combinación ordenamos los cinco sentidos según su relevancia o calidad, entonces las 31 se convierten en 325 clases. Y si dentro de cada orden se distiguen grados de intensidad, entonces... Cada emoción, como cada ser vivo, sólo es idéntica a sí misma, pero cada emoción, también como cada ser vivo, pertenece a una clase, donde la clasificación es, como bien se sabe, una forma de inteligibilidad, una inteligibilidad tan fina como se quiera.

41
La percepción de lo improbable
o La dulce armonía del oro suavemente tostado

Se ha escrito más música tonal que música atonal. No se conocen canciones infantiles dodecafónicas. Podría ser de otro modo. Pero no lo es. ¿Por qué? Quizá porque el placer de la armonía hunde sus raíces en la misma materia inerte. Cuando vibra una cuerda o una columna de aire, el tímpano no puede evitar resonar al mismo tiempo que ciertos armónicos propios del timbre. El oído está ancestralmente habituado a asociar unas notas a ciertas otras y no tanto a cualquier otra. La consonancia es el gozo de lo previsible. En eso Bruno Walter tiene razón. Pero la modulación y la disonancia son placer, incluso mayor, si la mente se arriesga a romper la referencia. Por eso Arnold Schönberg también tiene razón.

¿A quién le amarga un dulce? El azúcar precedió, con mucho, a lo dulce. El apego a lo dulce arranca de lo más remoto de la historia de la materia viva. La fotosíntesis convierte la luz del sol en glucosa desde varios miles de millones de años antes de la aparición del néctar y del concepto papila. Digamos que es más fácil seducir a un niño con un dulce que con un café. En las páginas amarillas se encuentran muchas dulcerías y ninguna *amarguería*. Lo dulce es probable. Lo amargo es un contrapunto cultural, una pirueta para el paladar.

No hay tacto sin contacto. Y lo primero que toca un mamífero es la piel de la mama materna: la más suave de las suavidades. Lo suave es al tacto lo que el dulce al sabor. En francés, lengua sensual donde las haya, dulce es suave y suave es dulce.

El olor es el sentido más fácil de ofender. Retrocedemos ante el olor a podrido por una asociación ancestral que nos protege de los alimentos en mal estado. En cambio, apretamos el paso con ilusión tras el rastro de un aroma tostado o ahumado. Quizá sea la reliquia de una época en la que la búsqueda del fuego era una obsesión de vida o muerte. Con fuego se puede pernoctar seguro en medio de la sabana, la dieta se multiplica... Lo tostado, eso sí, ha de ser suave para no convertirse en *olor a quemado*, un olor que provoca la estampida de toda clase de criaturas. Para un carroñero vocacional lo putrefacto es probable y por lo tanto delicioso, para nosotros una rareza, como ciertas recetas, exquisitas e inconfesables, de la gastronomía sofisticada.

La vista percibe forma y color. Sobre el color: el amor por lo dorado nace con la civilización misma. El sol es a la vez probable y deseable. ¿Cuantas culturas han *adorado* al sol primero y al oro o al ámbar después? Sobre la forma: desde Pitágoras admiramos las llamadas reglas de *oro* que recomiendan ciertas proporciones *armónicas* (por ejemplo: la razón entre los dos lados de una tarjeta de crédito). En castellano y en francés, *adorar* es sinónimo de *gustar mucho*.

He aquí unos pocos gozos fundamentales arraigados en diferentes fases de la acelerada e irrepetible aventura de la materia: la armonía en la materia inerte, el dulce en la materia viva, la suavidad en la idea de mamífero, el tostado en la materia inteligente y lo dorado en la materia civilizada. Hay otros sentidos con solera cósmica, como la visión térmica de algunas serpientes o el sonar de algunos mamíferos. (Por cierto: ¿cuáles son las delicias ultrasónicas favoritas de un murciélago?¿Qué clase de emoción infrarroja hace que una boa constrictor ponga los ojos en blanco?)

Hoy, cuando creamos un mueble, una camisa, una canción, un perfume, una comida o una obra de arte, combinamos lo probable con lo improbable para tensar nuestro cerebro. No es un lujo, lo necesitamos para vivir.

42
Sobre lo común y lo diverso

Un rincón perdido del desierto del Antiatlas, jueves 16 de enero de 1997. Paseo con mi amiga Aicha Oujaa, de la Dirección del Patrimonio Cultural del Reino de Marruecos, por entre rocas finamente pulidas por el viento del desierto. Una víbora cornuda me da un susto de muerte, pero la temperatura todavía es baja para que el animal se active; todo lo que hace es absorber al máximo los sesgados rayos del sol de invierno. Parece lo único vivo sobre las piedras. Lo demás son grabados neolíticos, gacelas, rinocerontes, jirafas, zorros... y algunos símbolos. Se diría que son vulvas femeninas, quizás una invocación a la fecundidad, aunque aquí los lugareños han decidido que se trata de pececitos. Y, de repente, un descubrimiento que me conmueve el alma. Una enorme roca, que ha caído por una especie de terraplén, tiene grabados dos símbolos uno al lado del otro: una vulva y una gran espiral. Un animal reconocible, la presunta vulva y la espiral pura y perfecta significan para mí tres fases sucesivas del grado de abstracción. De aquí a la escritura. ¿Por qué una vulva y una espiral juntas en el mismo grabado? Ambos dibujos comparten el mismo trazo profundo y la misma pátina típica de milenios de intemperie en el desierto. ¿Será la «piedra roseta» de la fecundidad o de la eternidad?

Santafé de Bogotá, viernes 4 de abril de 1997. He dado dos conferencias diarias durante una semana a los responsables del proyecto Maloka, el inminente centro científico de Bogotá. Su incombustible directora, Nohora Elisabeth Hoyos, me ha facilitado, por fin, ayer jueves la visita al célebre Museo del Oro. Dos cosas me han quedado claras, las raíces de Botero y la inevitabilidad de

Figura 1. Espiral en el desierto del Antiatlas (Marruecos).

Figura 2. Espiral en un sello Tumaco. (*Fondo de Promoción de la Cultura, Museo Arqueológico Casa del Marqués de San Jorge, Santafé de Bogotá*).

las espirales. He visto espirales por todas partes, en colgantes, en pendientes, en diademas y coronas, en brazaletes, en la cerámica, en todo tipo de objetos rituales... He tenido pesadillas espirales. ¿Qué significan aquí las espirales? Hoy me he levantado con una espiral en cada ojo dispuesto a disfrutar de mi último día en la ciudad. Recorro algunas librerías y compro cualquier libro por pequeña que sea su referencia al concepto espiral. Me acompaña mi querida amiga Alicia Fingerhut, que a estas alturas también ve el universo entero poblado de espirales. Entramos en un pequeño museo instalado en una antigua vivienda con un delicioso patio central. Es el Museo de Arqueología del Fondo de Promoción de la Cultura del Banco Popular. Recorremos las salas solos y en silencio. Espirales y más espirales. De repente a Alicia se le escapa un grito. Y empezamos a dar vueltas y más vueltas en torno a una pequeña vitrina. La pieza tiene forma de mano en cuya palma se observa una hermosa espiral. El dorso de la mano tiene un pomo para agarrar la pieza en forma de miembro viril. ¡Es un sello para estampar espirales! ¡Una pintadera! Pertenece a la cultura Tumaco y está catalogada con la referencia T-0048. Cinco minutos después, el director del museo, Pedro Lamus Peña, me escucha con exquisita paciencia.

Barcelona, un día de julio de 1997. Llega la revista Panorama *de la Fundació «la Caixa», que anuncia una próxima gran exposición sobre los iberos. La fotografía elegida para la portada es un colgante de oro trufado de espirales.*

Barcelona, 28 de enero de 1998. La exposición sobre los iberos todavía no se ha abierto al público, son las once de la mañana y la recorro sin salir de mi asombro. Bellísima. Nunca antes había visto nada igual en el local del Centro Cultural. Espirales y más espirales. No hay una sola pieza de cerámica que no muestre espirales y más espirales.

Santa Cruz de Tenerife, 27 de febrero de 1998. Segunda reunión de los museos de ciencia españoles. Somos unas veinte per-

Figura 3. Colgante de oro ibero.

Figura 4. Motivos espirales en bloque suelto en la isla de la Palma (época aborigen). *Cortesía de Juan Antonio Belmonte, Museo de la Ciencia y el Cosmos, Tenerife.*

sonas. Discutimos, paseamos, planeamos, decidimos y paseamos. ¿Cuál es el papel de nuestros centros en la sociedad del futuro? Noche de carnaval. Casi todos los varones se disfrazan de viuda doliente, casi todas las mujeres de enfermera o de gata. Pasear es un espectáculo. ¿Cómo valorar la calidad de una exposición de ciencia? Visita a los telescopios del observatorio del Teide a 2300 metros de altura. Sopla un viento endiablado y en la puerta de uno de ellos, de estructura cilíndrica, se crea un violento efecto Venturi, una turbulencia que cierra físicamente el paso a todo aquel que no llega a los setenta y cinco kilos. Dos de nosotros, que superamos cómoda y vergonzosamente los cien kilos, ayudamos a los demás como si de cruzar un río se tratara. Y por la tarde, la apoteosis: el Sol se pone con el penúltimo eclipse total del milenio entre las rocas de un paisaje alucinógeno sumergido en una ultraseca calima dorada. Contemplamos estupefactos, a las 17.30, la culminación del fenómeno que, desde el mirador de Las Cañadas, es una sonrisa triste que invade el ochenta y cinco por ciento del rostro solar. La temperatura se desmorona en pocos minutos y se nos hielan los dedos. Decidimos que la singularidad es un valor a mimar en los museos de ciencia. Redactamos un agridulce comunicado que recoge la prensa del día siguiente. Otra noche de carnaval post final de los carnavales (?). Decenas de miles de disfraces en todas direcciones. Se baila por todas las direcciones y en todas las calles que llevan a la plaza de España. A las tres de la madrugada, la fiesta seguía subiendo... Termina la segunda reunión y nos despedimos hasta la cita de Granada. Paseo por una bellísima calle de La Laguna que recuerda la primera calle de América, la calle de las damas en Santo Domingo, un lujo de proporciones, colores y botánica urbana. Una espléndida casa del siglo XVI con patios plantados de dragos ha sido transformada con ánimo de servir como Museo de Historia. En la tienda de la primera planta veo un voluminoso libro ricamente ilustrado y titulado **Los símbolos de la identidad canaria**. En la portada y en el lomo hay dibujada una espiral levógira y, sólo por eso, compro el libro. En la página 31, la fotografía número 2 representa una espiral grabada

Figura 5. Espirales sobre una vasija egipcia. *Roemer und Pelizaeus Museum (Hildesheim).*

en una cueva de La Palma que se me antoja idéntica a la de la piedra del desierto del Atlas y, sólo por eso, noto un vuelco del músculo cardíaco. Camino rezagado y hago equilibrios para ojear el enorme libro; compruebo con alegría silvestre que el capítulo 3 a partir de la página 189 está dedicado al concepto espiral. ¿Dirá algo por fin sobre qué significa, de una vez por todas, una espiral? Mi pulso se acelera al leer el título del último párrafo: «Significado»; leo ávidamente, con riesgo de mi integridad física, sólo para constatar, una vez más, que no, que no se conoce ningún significado. Mientras acelero el paso reviso mentalmente algunas convergencias. Una: las dos espirales, la del Atlas y la de La Palma, se parecen gráfica y físicamente. Dos: los nativos de la isla son, según una muy plausible teoría, una etnia del Atlas deportada por alguna otra etnia, quizá por los fenicios. Y tres: la espiral descubierta en el Continente estaba asociada a un claro símbolo de fecundidad, un sexo femenino; en la versión isleña, según el libro, las espirales aparecen con frecuencia junto a los manantiales de agua. Cuando alcanzo a mis *colegas, pienso en la espiral como un símbolo de la continuidad, de la persistencia...*

¿Qué relación hay entre las espirales de las distintas culturas? ¿Nacen así, espontáneamente, como setas? El conocimiento científico se dedica más a buscar lo común oculto en lo aparente diverso que lo diverso oculto en lo aparente común. En diciembre de 1997 recibo una carta involuntariamente provocadora de un lector anónimo que precipita, entre otras cosas, largas conversaciones con mi hermano Mauricio. Durante una semana, hablamos más por teléfono que durante los últimos cinco años. El resultado se publica en el diario El País *el 11 de marzo de 1998. A las once de la mañana de ese mismo día recibo un fax que empieza así: «Hola. Leyendo su artículo de hoy, casi me desmayo. Soy el lector anónimo de la gentil carta. ¡Gracias por dedicarme sus líneas!... (firmado, Josep Camps)». Son éstas:*

Toda la materia del universo tuvo un origen común allá por la gran explosión inicial. La materia viva conocida procede, parece, de una sola célula. Nada impide que la emergencia de grandes eventos sea múltiple, incluso convergente. Pero se diría que el tiempo, a la larga, favorece aquello que arranca de un tronco común. Y el tiempo, como se sabe, siempre acaba siendo *a la larga*. Es sólo cuestión de tiempo. La humanidad, descendiente también toda ella de una sola madre (hubo otras madres antes, claro, aunque sin herederos vigentes) es, a su vez, el origen común de unas cien mil religiones *verdaderas* y de quizás otras tantas lenguas todas ellas razonablemente eficaces. La variación siempre es más aparente que la uniformidad, lo que separa siempre es más visible que lo que une. Buscar lo común oculto en lo aparente diverso es la ilusión de todo científico. Eso es, de hecho, una buena definición de la llamada inteligibilidad científica. ¿Dónde buscar lo común de las religiones y las lenguas? Pues, para empezar, en su soporte necesario, esto es, en la física, la fisiología y la psicología del ser humano. Arriesgaba, no hace mucho, en esta misma página, que la universal atracción humana por el oro quizás estuviera relacionada con la presencia tenaz del Sol durante toda la evolución de la percepción. La luz solar está ancestralmente asociada a que todo vaya bien. El culto al Sol es, ya en la remota antigüedad, una convergencia persistente. Y algo de ello debe quedar en las palabras y en las creencias. La relación entre las palabras *oro* y *luz* está muy clara, por ejemplo, en hebreo, una lengua de fiar para este tipo de análisis, ya que apenas se ha movido durante milenios. La raíz de la palabra *oro* está compuesta por las letras *sain* y *hei*, combinación que representa «lo que brilla o refleja la luz.» Se pronuncia *sahav*. Y la raíz de la palabra *luz*, en hebreo, es el par de letras *alef* y *resh,* que representa la línea recta. Se lee *or* (!) y significa, además de «luz», «instruir, la vida, la alegría, la felicidad y la gracia». Con la unión de las dos raíces se construye *zohar,* literalmente «esplendor», que designa, además, un célebre libro de literatura cabalística.

Establecida la relación entre *oro* y *luz,* queda ahora la relación de éstos con la divinidad, es decir, con las palabras *orar* o *adorar.* Para los conceptos basta visitar algunos museos, como el Museo del Oro, interesantísimo, en Bogotá. Para las palabras, quizás ayude la Biblia. El primer sacerdote del Eterno fue, por orden de Él mismo, el hermano de Moisés. Su nombre tiene la mismísima raíz que la palabra luz *(or): Aarón.* Su principal misión era, en la época nómada anterior al templo, la de custodiar el arca de la alianza. Moisés se enfadó mucho por el episodio del becerro de oro, pero desde luego no porque fuera de oro. En Éxodo 25,10 el Eterno le dice a Moisés cómo debe construir el arca que guarde la Ley: «Y construirás un arca de madera de acacia, de dos codos y medio de ancho y un codo y medio de altura. Y la revestirás de oro puro, por dentro y por fuera, y la circundarás con una moldura de oro. Y fundirás para el arca cuatro anillos de oro...». Quedan todavía algunos detalles turbadores, la palabra hebrea que designa el arca: *arón;* y la que designa su contenido, la ley: *Torá*. Y Moisés venía de la tierra de los *faraones,* tres de cuyos cinco títulos oficiales parecen compartir la raíz, lo divino y la evocación solar: *Horus, Horus* de oro e Hijo de *Ra*.

Sol, oro y adorar. Su relación mutua significaría otro punto de soldadura entre la biología humana, ciertas lenguas y ciertas religiones. Un lector anónimo me advierte en gentil carta privada, y con toda razón, que cualquier latinista lanzaría una andanada de tomates maduros ante la mera insinuación de emparentar *aurum* (oro) con *ad-orare* (adorar). Estas líneas han sido en su honor.

43
La vitrina

Conocer a alguien desde hace cuarenta y cinco años, y que eso ocurra antes de cumplir los cincuenta, tiene cierto mérito. Es sábado 15 de febrero de 1997 y Vladimir de Semir, periodista científico, viene al museo con sus alumnos de la Universidad Pompeu Fabra. Vladi me presenta con el dato de nuestra insuperablemente vieja amistad nacida en un alegre parvulario suizo. La charla versa sobre el concepto vitrina. Luego damos una vuelta por algunas exposiciones del museo. Noto que estábamos pasando un buen rato. A los pocos días me llama para invitarme a escribir la conferencia para otro de sus proyectos pioneros, la revista Quark. Aquí está el texto, que, como se verá, utiliza algunos episodios que, por otras razones, también aparecen en otros lugares de este mismo libro.

Una idea llamada vitrina

El *vidrio* es sólido, rígido y sin embargo transparente. A su través pasa la luz, pero no la materia, una propiedad con trascendentes consecuencias físicas y filosóficas. En efecto, el vidrio cierra la percepción humana hasta uno sólo de los cinco sentidos: sin partículas que puedan viajar entre las cosas y las mucosas, no hay olfato ni gusto; sin contacto no hay tacto; y con las vibraciones amortiguadas, hasta el oído se acaba rindiendo. Ni oler, ni tocar, ni paladear, ni oír..., sólo mirar. Sólo mirar. De ahí el renombre del vidrio y de una de sus máximas aplicaciones: la vitrina. La vitrina protege el mundo del objeto del mundo del observador. Y viceversa. Casi todo se puede exponer a la vista de los ciudadanos, por el módico precio de sacrificar cuatro de los cinco sentidos. Ya no hay excusa, por muy frágil, valioso o peligroso que sea el objeto. Muchos museos son aún hoy, en esencia, un universo de vitrinas etiquetadas. Pero la verdad es que, tras muchos siglos de vitrinas, algunos se han preguntado: ¿mirar?, ¿por qué sólo mirar? ¿Puede concebirse también una revolución de la vitrina? Nada impide ensayar pequeñas violaciones del concepto vitrina. Por ejemplo, siempre podemos inventar alguna picardía para que una mano o un dedo entre en una zona tolerada del espacio prohibido o para que ciertos olores o sonidos maticen el contacto entre el objeto y el sensorium. Pero, para muchos, esto es como adaptar un motor de gasolina a una carroza. Mejor inventar otra cosa, un automóvil, por ejemplo. Centremos primero nuestra atención en evaluar la limitación que supone «sólo mirar».

Lo que nos perdemos por sólo mirar

La percepción empieza en el mundo físico de la luz y de las partículas, entra por el mundo fisiológico de la piel y demás órganos sensoriales, se procesa en el mundo cerebral y culmina en una emoción psicológica. De modo que una emoción es una compleja combinación de las diversas entradas sensoriales. Intentemos un sencillo cálculo:

En la reflexión 40 de este libro se ha calculado que cinco sentidos dan para 325 combinaciones de emociones sensoriales. La vitrina reduce este número ¡a la unidad!

En una palabra, un objeto parece tener mucho más que ofrecer de lo que se puede recibir a través de una vitrina. Algunos museos actuales, sobre todo los llamados museos de ciencia interactivos, presumen de haber superado la vitrina de una vez por todas. Su idea consiste en que el centro de la emoción del visitante ya no se basa en un objeto a proteger, sino en un fenómeno real, en un experimento. El costo por obviar la vitrina es también, en este caso, muy alto: nada menos que el destierro del objeto. ¡Museos sin objetos de museo! ¿Por qué no? Basta con cambiar el nombre: centro de ciencia en lugar de museo de ciencia. Pero entre un extremo y otro, entre museos de vitrinas pasivos y museos activos sin objetos, media un universo de matices. Las historias que siguen pertenecen a ese universo.

El castigo

La primera historia se refiere al recuerdo más antiguo que conservo de una vitrina. Era una vitrina, la única de la sala, en la que los libros no se alineaban mostrando sus lomos sino las portadas completas. En ella se exhibían las últimas adquisiciones llegadas a la biblioteca de aquel colegio de verano, de cuyo nombre sinceramente no puedo acordarme. Tampoco puedo acordarme de la razón exacta por la cual tuve que pasar allí toda una larguísima tarde solo y en silencio. El aburrimiento es una refinada tortura (y de eso se trataba) que produce fantasías, algunas de ellas creadoras, porque creo que estuve a punto de inventar un mecanismo diabólico que pudiera pasar las páginas de los libros cautivos, algo así como una vitrina protointeractiva. De vez en cuando, todavía me tropiezo con alguna vitrina que me devuelve a aquella tarde de penitencia. Está muy bien que un objeto estimule desde su encierro en la vitrina, pero está muy mal que tales estímulos sean como los jugos gástricos vertidos en un estómago vacío. Sólo mirar, ¡pero por lo menos mirar!

El objeto real

La segunda historia, ya comentada con otro propósito en la reflexión 38, ocurre en el Museo Arqueológico Nacional en Madrid. Tengo muy poco tiempo y camino a buen paso. No me entretengo apenas en ningún objeto, pero tampoco llego a quitar la mirada de las vitrinas. De repente, algo interesa a un rincón de mi cerebro, pero voy tan rápido que ya no lo veo. Me detengo en seco. ¿Dónde está? La sensación es como si una cara conocida me hubiera saludado alegremente. Repaso hacia atrás. Busco con prisa y con temor de que la imprecisa imagen retenida en mi retina se esfume para siempre. ¡Ahí está! ¡Ésa es! Se trata de una figurita de barro de unos diez centímetros y representa, clarísimamente, un joven travestido. Parece recién salido de un típico espectáculo erótico-ambiguo-folclórico de la ciudad. El gesto de la mano izquierda con la muñeca suelta y el meñique fuera de control, la picarona mirada cargada de pestañas por encima del hombro y los andares de gato en celo —así lo recuerdo ahora— resultan demasiado próximos para una sala dedicada a la Antigua Grecia. ¿Será una broma de conservador guasón? Por un momento, creo ver incluso que la figura parpadea y que levanta la barbilla con descaro. Releo la etiqueta. No hay error, no hay duda. Aunque con algún desorden, algo había leído y oído sobre los griegos y los romanos, sobre su historia, su filosofía, su ciencia, su literatura, su arte, sus creencias, incluso sobre su vida cotidiana. No pocos eran tampoco los restos y rastros que había visitado en directo, desde el Museo Británico hasta las ruinas de Ampurias o Pompeya. Pero nunca hasta entonces había caído en la cuenta de lo esencialmente cercano que nos es, en el fondo, un ciudadano de la antigüedad. Me convencí de dos cosas: *(1)* que no me había enterado de nada al leer sobre aquellos tiempos; *(2)* que ahora, después de aquel descubrimiento íntimo, azaroso e indispensable en el Museo de Arqueología, era el momento de volver a empezar. Releer, en este caso, era como leer por primera vez. La visión de un objeto real en una vitrina había conseguido un milagro, hacerme comprender algo que todos los libros ilustrados del mundo jamás hubieran conseguido. Dudo mucho que una reproducción de aquel mismo objeto pudiera tener el mismo efecto. Una simulación sólo contiene la información que el simulador tiene a bien introducirle. Ni un gramo más. Sólo un objeto real, aunque sea en una vitrina, puede obrar el milagro. El objeto real no sustituye al conocimiento, pero puede erigirse en un estímulo insustituible de tal conocimiento. Ésa es, por cierto, la noble función de toda buena pieza de museo. Sólo mirar, sí. ¡Pero mirar puede ser mucho! Incluso demasiado.

El susto

Es el 7 de julio de 1992 y estamos en el Museo Nacional de la Universidad Federal de Río de Janeiro. Es la cuarta historia de vitrinas. El Museo tiene una rica colección de momias egipcias. En estos casos, uno llega a agradecer las limitaciones típicas de una vitrina: sólo mirar, de acuerdo. Hay que reconocer que, a la hora de exponer restos humanos, se mezclan emociones de toda clase, emociones racionales y emociones tradicionales. Colocar objetos en una vitrina plantea cuestiones técnicas importantes que, de no resolverse, pueden acabar ridiculizando las emociones más sublimes. Uno de ellos es la movilidad de los objetos en el interior de la vitrina, como consecuencia de las vibraciones que produce el visitante. Efecto: algunas de las momias de este museo saludan, con manso cabeceo, al ciudadano que se acerca con el paso demasiado decidido. El susto puede ser mayúsculo, según la hora del día y el estado de ánimo del visitante. Errores de diseño o de mantenimiento provocan no pocas situaciones como ésta. En el sorprendente Museo del Oro de Bogotá, por ejemplo, las vitrinas están suspendidas del techo de la sala y muchos de los objetos cuelgan a su vez del techo de las vitrinas. Efecto: cualquier contacto con la vitrina desencadena un alegre tintineo de irrepetibles joyas precolombinas. Algún visitante menudo puede encontrar eso muy divertido, pero la llamada interactividad, si se me permite la broma, no es eso. Hablemos un poco más de interactividad.

La selección natural de las ideas

La quinta historia de vitrinas ocurre en el Národni Technické Muzeum de Praga (Museo Nacional de la Técnica). Entre sus tesoros destaca la mejor colección de cámaras fotográficas del planeta. Se diría que, sencillamente, están todas. Desde las ideas más rústicas hasta ayer mismo. Metros y metros de vitrinas mostrando cámaras y cámaras, dispuestas en riguroso orden cronológico. El observador experto advierte los diferentes intentos por resolver un determinado problema y cómo, a medida que camina, vitrina adelante, uno de los intentos, generalmente el más sencillo y compacto, se impone con espontánea autoridad. Es como una selección natural de lo artificial. Ideas para el obturador, para el diafragma, para el enfoque... Hay tantas cámaras, que en ocasiones ni el observador experto advierte la menor diferencia relevante en un metro de estantería. Dos cámaras contiguas parecen parientes cercanos de la misma variedad, especie y género. Hay adaptación continua y mutación discontinua..., como la vida misma. Darwinismo del bueno. Si dispusiéramos de una colección similar en registro fósil de todo lo que alguna vez ha vivido, entonces conoceríamos todo lo que se puede conocer sobre historia natural y la evolución de las especies. Lo más emocionante de tantas cámaras es, justamente, que haya tantas. La pieza más notable es el conjunto de todas ellas. La continuidad, si uno circula disciplinadamente, es asombrosa, tanta que incluso llega a ser deliciosamente aburrida. Y aquí empieza la historia. Medio adormecido por la implacable lógica de centenares de cámaras rigurosamente clasificadas, llego al final de una fila de vitrinas. Lo que tengo delante me espabila del todo. Por más que miro, no logro comprender. Paradójicamente, todas las funciones de esta extraña cámara están muy claras, pero con rangos ridículamente pequeños. Todo parece demasiado grande para facilitar la manipulación, pero con cierto desprecio en cuanto al ahorro de espacio y a la estética. Todo parece muy robusto y desproporcionado, pero poco versátil y preciso. La cámara tiene algo de monstruosa. Se diría que es un prototipo hecho a mano. Algo en él invita a cogerlo, a tocarlo, a pulsar sus mecanismos y a probar sus prestaciones. Pero está en una vitrina ¿Qué demonios es ésto? Nada relevante en la etiqueta. Dos días después, durante una recepción en otras dependencias dentro del mismo museo, me doy cuenta de que estoy hablando con la joven conservadora de la sala de las cámaras. Con una sonrisa entre cortés y desconfiada, se deja arrastrar, canapé en mano, frente al enigma. ¡Ah, ésa...! No se trata de una cámara para hacer buenas fotografías, sino de una cámara pedagógica, una simulación para manipular, un artefacto para enseñar los secretos del funcionamiento de una cámara, probablemente construida por algún profesor de fotografía de antes de la guerra. Enternecedor sarcasmo: *sólo mirar* aquello que se ha diseñado sólo *para tocar*. ¡Una simulación haciéndose pasar por objeto real! ¡Un módulo interactivo condenado a una pena de años de vitrina! Si algo faltaba en aquella magnífica sala era, justamente, unos cuantos ingenios para explicar, mediante su uso, unas pocas ideas trascendentes sobre la evolución de la cámara fotográfica. No es difícil burlar el vidrio de una vitrina con mecanismos, pero, atención, no hay que obsesionarse.

El sueño

Mi amigo Peter Fehlhammer, director del celebérrimo Deutsches Museum de Munich, es hoy el gran impulsor de la renovación museográfica de la química en los museos y centros de ciencia. El estímulo más importante de tamaña empresa es, sin duda, un pasillo con varias decenas de vitrinas que aún funcionan en dicho museo. En cada una de ellas un simple botón invita al visitante a «poner en marcha» una reacción química, generalmente del estilo A más B igual a C. Consumada la reacción, todo está preparado para volver a empezar. La tecnología necesaria para recuperar los reactivos y hacer desaparecer los productos centenares de veces al día, durante centenares de días al año, es admirable. La vitrina se ha complicado con sofisticados autómatas que obedecen a un pulsador exterior. Pero la cuestión es ésta: ¿para qué? Una noche soñé que a ambos lados del largo pasillo todos los módulos funcionaban solos sin que nadie los contemplara: A más B igual a C, A más B igual a C, A más B igual a C, A más B igual a C, A más B igual a C... El kafkaorsonwelliano escenario estaba vacío. Quizás un escolar se introdujo en mi espacio onírico, recorrió el pasillo a toda velocidad con los brazos extendidos en cruz, para no dejar un botón sin pulsar, y yo empecé a soñar justo cuando el niño ya había desaparecido por el fondo de la sala.

Pero una vitrina cerrada no es incompatible con la idea de que el visitante participe en el encuentro sujeto-objeto. Existen, como mínimo, dos maneras. La primera es trivial. El vidrio deja pasar la luz, de modo que cualquier experimento que involucre la luz, pero sólo la luz, puede estar perfectamente cautivo en una vitrina. En la segunda planta del Museu de la Ciència de la Fundació «la Caixa» en Barcelona, por ejemplo, el visitante puede interrogar las leyes de la óptica a placer y *ad infinitum*. Todo es interactivo y todo son vitrinas. Pero todo es luz. La segunda manera tiene que ver directamente con la mente.

Un museólogo en Nueva York

La séptima historia de vitrinas tiene lugar en el Museo de Historia Natural de Nueva York. En esta ocasión, la visita es con un grupo de colegas de La Cité des Sciences et de l'Industrie de la Villette de París. Me han invitado a dar una vuelta por los museos estadounidenses. Una de las propiedades de la vitrina es que admite la visita colectiva y, por lo tanto, no está descartado que también estimule el diálogo, incluso el debate. Llevamos varios días paseando juntos por delante de toda clase de vitrinas. Cada uno de nosotros tiene, claro, un ritmo y unos caprichos distintos en el detenerse y en el saltar de vitrina en vitrina. Ahora nos agrupamos, ahora nos dispersamos, ahora me adelanto, ahora me retraso, ahora escucho una broma de éste, ahora la repito con éxito a aquellos tres, ahora hago un elogio profesional, ahora escucho una crítica estética... La historia empieza cuando coincido con dos colegas en el acceso de la sala dedicada al origen del hombre. Entramos juntos. Ante nosotros, un gran diorama al estilo clásico, es decir, una combinación de objetos e imágenes que reproduce, tras una enorme ventana acristalada, una escena de la naturaleza. Los museos de Historia Natural, y éste no es una excepción, tienen buenos especialistas en estos montajes. Generalmente se usan animales disecados comportándose, como les es propio, en una vegetación artificial bien simulada que se prolonga, engañando al ojo, hasta el horizonte de un paisaje pintado en la pared del fondo. Al diorama sólo llega la vista, de acuerdo, pero se trata de que la vista lleve al cerebro un desafío que éste pueda aceptar, reimaginar, resolver o simplemente disfrutar. Es lo que podríamos llamar *interactividad mental*. Nuestras tres miradas perforan simultáneamente la gran vitrina. Yo tardo una décima de segundo en conmoverme hasta la médula de los huesos. Algo debo murmurar, porque mis colegas me miran con curiosidad, pero también como si temieran el inminente y excesivo discurso.

    La escena corresponde a un glorioso descubrimiento de la recientemente fallecida Mary Leakey. La legendaria paleoantropóloga, esposa y madre de paleontólogos legendarios, encontró, en 1977, la primera prueba del bipedismo humanoide. Hacía pocas semanas que había oído hablar por primera vez del tema y, fruto de una apasionada discusión, acabé incluso publicando un articulito en *La Vanguardia* de Barcelona, reproducido aquí en la reflexión 33.

Un científico haciendo museología tiene más licencia para especular que un científico haciendo investigación académica. Reconozco que escribí el artículo con cariñoso despecho por el poco caso que había hecho Henri de Lumley a mi fantasía. Pero mi fantasía, como toda verdad científica vigente, es compatible con todos los datos experimentales disponibles. Quizá nunca llegue a tener pruebas suficientes para convencer a muchos paleontólogos, pero lo cierto es que, de momento, no hay tampoco ninguna prueba en contra. En una palabra, cuando llegué frente al diorama del Museo de Nueva York ya había decidido buscar la manera de exponer el caso de Laetoli como un reto a la inteligencia del visitante. Pero lo que estaba viendo en el interior de aquella vitrina era totalmente inadmisible. Estaba científica, estética, social, museológica y museográficamente furioso. Las huellas se habían obtenido directamente de un molde auténtico, bien; el paisaje era verosímil excepto quizá la ceniza del volcán, que más parecía nieve, pase; las figuras de *Australopithecus* adultos eran de un gran rigor científico, muy bien (menos perdonable era la ausencia de la cría); pero lo que me hizo tartamudear de rabia fue la postura de los dos adultos: ¡el macho ha echado el brazo por encima del hombro de la hembra y ambos caminan juntos (!) hacia un mundo mejor, según el más puro *american way of life!* También es una fantasía, pero no es una fantasía científica. Las huellas dicen A (las de ella dentro de las de él) y los pies dicen *no A* (los de ella junto a los de él). La vitrina expone A y *no A* a la vez, la vitrina es un homenaje a la incoherencia. Según un testigo reciente, y a pesar de que no desaprovecho una sola ocasión para comentar el caso a quien tenga un minuto para oírme, nada ha cambiado aún en esa vitrina. ¿Será por dinero? ¿Será por pereza? Bueno, pues hay una manera original y muy económica de arreglar la vitrina de Nueva York. Se trata de añadir una sola línea. Ésta: *En esta vitrina hay una incoherencia científica ¿Puedes encontrarla?* Pensar en esta pregunta obliga a enterarse de casi todo sobre las huellas de Laetoli. Lo que quería ilustrar ha quedado ilustrado: la capacidad que puede tener una vitrina de agitar el ánimo. Pero, además, ha quedado claro lo mucho que puede aportar un texto a una vitrina. Ilustremos también eso.

La escritura permite que las palabras accedan al cerebro con solo mirarlas. Y un texto puede ser también un notable aliado de la interactividad mental de una vitrina. O no. En muchas vitrinas las etiquetas sólo confirman lo que ya es notorio a una inocente inspección ocular (vasija de barro, cuchillo de bronce, figura sedente...), algo parecido a lo que ocurre con ciertos comentaristas de fútbol televisivo (el número 9 pierde la pelota y reclama falta, parece que el portero se ha hecho daño, el árbitro ya mira el reloj...), o los títulos que algunos artistas ponen a sus pinturas (arlequín, mujer con niño, amanecer en la ermita...). Se puede hacer más.

Cuentos, poemas y vitrinas

La última historia por hoy empieza en el verano de 1992 en plena selva amazónica, a veinte minutos de helicóptero de la ciudad de Manaos, y termina en una vitrina de la exposición «Amazonia, el último paraíso», abierta un año después en el Museu de la Ciència. ¡Qué fácil es transmitir emociones si uno las ha vivido primero! La vitrina llega hasta el suelo y su objeto central es un dardo de cerbatana que aparece, clavado a la altura de los ojos, en una de las paredes interiores. Los objetos hablan. Y según como se coloquen, según cual sea su relación mutua, según sea el gesto de los unos respecto de los otros, los objetos, además, dicen. Apoyado de pie en el suelo de la vitrina se puede ver un buen trozo de tronco de palmera con sus temibles y agudísimas espinas negras. Sobre el corte limpio del tronco descansa una enorme semilla de cuyo interior asoma una especie de algodón blanco. La cerbatana que «acaba de disparar el dardo» está hecha con un simple pedazo de caña y aparece a un lado junto a un diminuto carcaj, con munición de reserva, y una pequeña calabaza donde se guarda el temible curare. El visitante reconoce enseguida que la estrella de la vitrina, el dardo, procede de la palmera y de la semilla, y se ve mentalmente capaz de aplicar la idea en caso necesario. Pero eso no es todo. Hasta un veinte por ciento de los visitantes de los museos leen íntegramente los textos. Y en su honor se pueden hacer muchas cosas. Dos textos, que con un mucho de benevolencia podríamos nombrar como un poema y un cuento museográfico, se encargan de entretejer los objetos y la mente del visitante.

Éste es el poema:

«LA SELECCIÓN NATURAL DE LAS IDEAS
»Una espina es un dardo; un diente, una cuchilla; una lengua, un raspador; una rama, un arpón; una hierba, un remedio; una semilla, un adorno; una hoja, un envoltorio; una calabaza, un recipiente; la diversidad, una industria y el indio, una dignidad científica».

Y éste es el cuento:

«LA VENGANZA DE LA PALMERA
»La altura de vértigo de la palmera no intimida a los superacróbatas de la selva, pero el paso desde el suelo está cerrado por una corona de espinas. El Azar ha propuesto las espinas duras y negras y la Selección lo ha aceptado como un buen descubrimiento: los monos se pinchan, se desaniman y la palmera conserva sus frutos, cuyas semillas trabajan con ventaja a favor de la propia especie y, por lo tanto, a favor del propio descubrimiento, que se propaga. Pero, de repente, otro descubrimiento acaba con el primero. Desde las

ramas de un árbol vecino, sin frutos ni trampas, dos monos se columpian y roban la fruta prohibida entre alaridos de alegría. Nadie más come el fruto prohibido. Un mono come con dos manos; con las otras dos se aferra a las alturas; la cola, trenzada con una liana, es su última garantía. El otro vigila, mientras mordisquea el fruto, a su compañero de aventuras. Pero éste ha dejado de comer; en su cara, un súbito rictus de incomprensión cósmica... y se desploma. Está muerto. ¿Qué ha ocurrido? La evolución ha inventado al indio y el indio la cerbatana cuyo dardo acaba de hundirse, de abajo arriba, en la garganta del ladrón. El forastero toma el cuerpo inerte de las manos del cazador y extrae el proyectil. Y se estremece desde las cejas hasta la planta de los pies: ¡el proyectil está fabricado con una espina negra y dura de palmera!».

44
Sobre cuándo celebrar, de una vez por todas, la Nochevieja del bimilenario

El año 2000 ha sido, de toda la vida, el símbolo de un futuro lejano y sin embargo alcanzable. El dos mil ha sido muy útil para nombrar aquello que se adelanta a su tiempo («... es una plusmarca del año 2000», «una tecnología o una música 2000», etc.), o aquello que se demora demasiado («... la solución será para el año 2000»). Pero el tiempo acaba pasando. Ya lo hemos dicho, es sólo cuestión de tiempo. Y el otrora (y durante tanto tiempo) remoto 2000 es hoy, de repente y por sorpresa, una fecha inmediata. Habrá que celebrarlo. ¿Cómo? Pero, sobre todo..., ¿cuándo?

En la noche del 31 de diciembre del año 1999 al 1 de enero del 2000 no habrá, pese a lo que pueda parecer, mucho que celebrar. Lo único notable es que el año que empieza cambia sus cuatro dígitos de golpe. El evento es milenario porque una cosa así ocurre cada mil años, pero aparte de este detalle la noche en cuestión será poco más que una noche cualquiera del ya célebre siglo XX. Será la última noche de un año, sí, pero no será la última noche de un milenio. Ni siquiera será la última noche de un siglo. Para vivir este evento habrá que esperar todavía un año. Si el primer año acaba el 31 de diciembre del año llamado uno, está claro que un siglo, que tiene cien años, acabará el 31 de diciembre del año llamado cien y no en la Nochevieja del 99 al 100. El cambio de año, siglo y milenio se producirá por tanto en el tránsito que va de la Nochevieja del año 2000 al Año Nuevo del 2001. Pero para entonces ya nos habremos acostumbrado al número 2000 y será ya un poco difícil animarse a una segunda celebración milenaria, aunque ahora se trate del auténtico tránsito de milenio. ¿Qué hacer? ¿Celebramos en el 2000 un falso milenio con bonito número redondo o bien en el 2001 un genuino milenio de desvirgada redondez?

La otra posibilidad, un poco más traumática, sería cambiar el calendario para hacer coincidir, a partir de ahora, la redondez numérica con la redondez secular. Pocos aceptarían hacer algo tan incómodo sólo para evitarles una confusión a nuestros lejanos descendientes del próximo milenio. Sin embargo el problema tiene cierto interés matemático. Todo viene de dos acuerdos previos tácitamente asumidos: *(1)* las celebraciones se cuentan tomando el año como unidad (1, 25, 50, 100, 1000...) y no fracciones menores, y *(2)* empezamos a contar los años y los siglos con el número uno y no con el número cero. Es decir, los días que siguieron al origen de la así llamada Era Cristiana decimos que pertenecen al año uno del siglo uno del primer milenio, no, claro, al año cero del siglo nulo del milenio nada. La introducción del número cero no es, como se ve, algo demasiado natural o intuitivo. ¡Fue un logro de la abstracción matemática! La no existencia del año cero estimula otras divertidas confusiones. Por ejemplo, cuando se quiere calcular el lapso de tiempo transcurrido entre dos fechas, una anterior y otra posterior al nacimiento de JC, resulta muy frecuente cometer un error sistemático de un año. Entre el año + 4 y + 9 está claro que han transcurrido 5 años, aquí no hay error posible y la diferencia de tiempos es el tiempo transcurrido: $9 - 4 = 5$. Pero entre el año – 4 y el + 9 no han transcurrido 13 años sino 12, es decir, la diferencia de tiempos $9 - (- 4) = 13$ no es el tiempo transcurrido. Para que la operación suma funcione con números, que puedan ser tanto positivos como negativos, es imprescindible la introducción del cero, es decir, del menos uno (–1) se debe pasar al cero (0) y no directamente al más uno (+1). La costumbre de extender la era Cristiana a los años anteriores al nacimiento de Cristo es de hecho muy reciente (siglo XVII). Al año anterior al uno después de Cristo (1 d.C.) se le llamó simplemente el año uno antes de Cristo (1 a.C.). A nadie se le ocurrió la fastidiosa idea, la única algebraicamente correcta, de asignar el cero al año del nacimiento de Cristo. Este curioso lance matemático, nada menos que ignorar la nada, ha dado mucho que hablar. En los años treinta, por ejemplo, Italia celebró tres bimilenarios casi seguidos: en 1930 el bimilenario del nacimiento de Virgilio, en 1935 el bimilenario del nacimiento de Horacio y en 1937 el bimilenario del nacimiento de Augusto. Casi nada. Creo que fue un tímido profesor de la Universidad de Oxford quien advirtió a las irritadas y sonrojadas autoridades fascistas que, como Virgilio, Horacio y Augusto habían nacido respectivamente en los años 70, 65 y 63 antes de JC, las fastuosas celebraciones correspondían en realidad a los años 1931, 1936 y 1938. Todo equivocado.

La «culpa» de todo la tuvo el inventor de la llamada era cristiana, el monje Dionisio el Pequeño. Dionisio calculó en el año 525 que el nacimiento de Cristo correspondía al 25 de diciembre del año 753 de la fundación de Roma, y llamó año uno (y no año cero) de la nueva era al año siguiente, es decir, al año 754 *ab Urbe condita*. Además, *Dionysius Exiguus* se equivocó en cinco o seis años. Es decir, Cristo no nació hace 1996 años, sino hace ya 2001 o 2002.

La fecha se acerca. Cada vez queda menos tiempo para decidirse ¿Qué hacemos entonces? La cosa está clara. Los amantes de los números redondos deben celebrar el cambio de milenio el 1 de enero del año 2000. Los amantes del rigor matemático deberían hacerlo el 1 de enero del año 2001. En cuanto a los amantes del rigor histórico, éstos... o lo han celebrado ya... o ya se lo han perdido.

VII
Sobre el hacer y deshacer en ciencia

45
El doctorado

Hay ocupaciones en las que uno tiene la ocasión de cazar muchas historias al vuelo. Pocas, sin embargo, se ganan un lugar de honor en la memoria. Cuando ocurre tal cosa, suele ser porque la historia viene que ni pintada para ilustrar una idea que nos es querida y que, a lo mejor, nos cuesta instalar en la opinión ajena. Hay algunas que funcionan muy bien, tanto... que acaban por convertirse en un arma favorita y frecuente. Son aquellas que, de tanto repetirlas, se «perfeccionan». Cada nueva versión incorpora los pequeños éxitos percibidos en las sucesivas audiencias y así, poco a poco, a golpe de selección natural, se va consagrando un guión de efectos infalibles. Debo momentos muy gratos a alguna de estas historias, pero, ay..., existe una que me atormenta. Tras mucho explicarla, replicarla y aplicarla, ahora resulta que algo chirría en el fondo de mi conciencia. ¿Cómo era la versión original? ¿De dónde demonios la habré sacado? Estoy dispuesto a regenerarme, pero que alguien me ayude. Ahí va la historia tal y como la venía contando.

Un joven universitario chino planteó así su tesis doctoral: aislar un grupo de macacos en un islote desierto y estudiar su evolución según la cantidad de alimento suministrado cada semana. Macacos en abscisas, cereales en ordenadas... a más kilos de grano, más kilos de mono. Desde luego, la idea no mata. Pero hay que reconocer que miles de doctorandos de la comunidad científica internacional se embarcan, cada día, en el estudio apasionado de soporíferas linealidades. Y en efecto, los datos recogidos durante la primera fase hicieron buenas predicciones teóricas. Se encontraba lo que se buscaba. Cada lunes, el investigador depositaba, en la blanca playa del islote, unos vistosos recipientes repletos de grano y tomaba buena nota de las novedades habidas en el grupo de simios. Transcurridos tres años de rigurosas observaciones, comprobaciones estadísticas y cálculo de errores, el doctorando reunió un colosal tesoro de datos y se dispuso a escribir la memoria. No había la menor duda. En aquella particular especie de monos también podría afirmarse, a partir de entonces, que, por debajo de la masa de saturación, ¡a más grano, más mono! Como en otros monos, como en otros primates, como en otros mamíferos... No estaba emocionado, pero sí contento. Después de todo, aún tenía casi otro año entero de beca para analizar los datos y para redactar unas sólidas conclusiones. Fue entonces cuando decidió regalarse a sí mismo ¡y a la ciencia! una pequeña prórroga de observaciones. Ahora que todo está asegurado, ¿por qué no correr un pequeño riesgo? Experimentar no es más que preparar preguntas a la naturaleza para que sea ella misma la que responda. Así que, para cambiar de pregunta, el ya casi doctor introdujo una novedad radical en la forma de suministrar el alimento semanal. Los granos de cereal no aparecían los lunes en el interior de los cómodos recipientes, sino, atención, bien mezclados con los granos de la arena de la playa. En este caso la ciencia no podía adelantar teorías demasiado precisas, pero, al menos de momento, casi seguro que a más grano no corresponderían ya necesariamente más monos. Y en efecto, a pesar de que cada lunes se incrementaba la cantidad de grano dispersada en la arena, pronto se pudo constatar cómo adelgazaba la biomasa de la comunidad. Al fin una nueva ley para la ciencia: a más grano, menos mono. Y la beca se agotó. Fue entonces cuando ocurrió algo que nadie esperaba. De repente, la población de monos volvió a dispararse como en los buenos tiempos. ¿Qué estaba ocurriendo?

El científico se apostó, con el corazón al galope, para espiar a los monos. El espectáculo que se mostraba a sus ojos le pareció digno de una efemérides cosmogónica. Excepto algún individuo viejo, los demás habían encontrado la manera de burlar las sádicas condiciones ideadas sólo para poner una guinda a la tesis. Nadie había presenciado el momento justo del descubrimiento, pero poco costaba imaginárselo: un individuo joven mira, con impaciencia ansiosa, los quince granos que ha logrado incrustar en la yema de uno de sus dedos. Sólo uno es de trigo. Se trata de hacer diana con la lengua. Casi nada. Prueba. Y una vez más... falla. La irritación acumulada se transforma en furia y la furia en venganza. Ante la sorpresa de sus congéneres, el joven simio se lía a mandobles con la arena. Nada puede calmarle. Chillidos, patadas y manotazos de rabia. La arena sale proyectada en todas direcciones como el agua de una manguera de jardín fuera de control. Los demás, amigos y familiares, se apartan cansinamente para seguir con su interminable y penoso menú unidimensional. Todavía llueve arena sobre la playa, sobre el mar y sobre el propio mono histérico. Pero él se ha quedado súbitamente inmóvil, jadeante. Algo llama su atención. Allí, en la superficie del mar, junto a la orilla, descubre toda una flota de preciados granos de trigo a merced de las olas. Juntos, solos, hermosos, listos para comer. De momento comerá, pero cuando el alimento vuelva a faltar ya nada será igual. El macaco volverá la cabeza hacia la arena de la playa, lentamente... su morro se torcerá entonces en una protosonrisa y su mirada acaso envíe un destello de inteligencia al cosmos. Es el reflejo de una nueva conexión, recién disponible, en el cerebro: ¡EUREKA! Tomará un puñado de arena, se acercará a la orilla, dejará caer la arena sobre el agua, esperará a que los granos de arena se hundan y recogerá, tranquilamente, el cereal sobrenadante. Luego hará lo mismo con otro puñado. Y con otro más... Se darán sí, algunas peleas. Pero, al poco, casi todos habrán captado cuál es el signo de los nuevos tiempos.

No hay duda: es conocimiento (transmisible por vía no genética, se aprende). Pero no sólo eso. Nótese, además, que: *(1)* es conocimiento *objetivo* (cualquier otro sujeto puede triunfar con el mismo objeto), *(2)* es conocimiento *inteligible* (si se tira la arena al agua, se come mejor), y *(3)* es conocimiento *revisable* (con los recipientes de antaño, la idea quizá pierda vigencia). Reconozcámoslo ya: estamos ante un caso de genuino *conocimiento científico*.

Hasta aquí la historia. ¡Cómo! ¿que todavía hablas de fronteras nítidas? ¡Cómo! ¿que no crees que la ciencia sea la forma más ancestral de conocimiento, anterior incluso al arte y a la revelación divina? ¡Cómo! ¿que todavía ves la cultura como un don exclusivamente humano? ¡Cómo! ¿que dudas de que un mono entre rejas pueda maldecir su suerte? No se puede negar la versatilidad dialéctica de esta anécdota. Quiero creer que, en lo esencial, todo es verdad y, por lo tanto, lícito el uso que he hecho de ella. Recuerdo con nitidez, por ejemplo, haber introducido, en un momento exótico, lo de la nacionalidad china del becario. Pero ¿cuáles son los otros adornos escénicos? Ahora necesito saberlo porque no hace mucho me topé con alguien que consiguió alarmarme. Era alguien empeñado en convencerme de lo poco ambiciosos que son, sobre todo de entrada, los doctorandos chinos. «No será tanto», protesté. «¿Ah no?», dijo... y acto seguido me soltó de un tirón, y citando fuentes prestigiosas, la historia del macaco furioso.

46
Beethoven *versus* Newton

Barcelona, un sábado en el estudio de mi amigo compositor Jordi Cervelló. Está desesperado. Nos conocemos desde el año 1972. Jordi se había comprado un enorme y ultramoderno magnetofón profesional. Pero las instrucciones estaban en alemán, así que, por mediación de un amigo común, requirió mi ayuda para hacerlo funcionar. Desde entonces hemos conversado mucho sobre música y, sobre todo, hemos escuchado mucha música juntos. Sin embargo, aquella tarde estaba desesperado. Su estudio está instalado en el sobreático de la vivienda y tiene un amplio ventanal que da sobre una vegetación relativamente silvestre del barrio de Sarrià. Al fondo se ve Vallvidrera y la montaña del Tibidabo. Es un lugar espléndido para pensar la música. Pero está desesperado. Hace dos meses que no escribe ni una corchea. Un vecino de una torre cercana se ha comprado un perro que ladra de sol a sol. Lo ha probado todo, pero la normativa sólo se ocupa de los perros que ladran de noche. Y todos, empezando por el dueño del animal, se encogen de hombros. Ha escrito al alcalde, a los periódicos: «Piedad, yo soy un compositor...». Y mientras el cachorro ladra hasta a los caracoles, él se pasa el día imaginando venganzas ultrasónicas, croquetas narcotizadas, proyectiles sedantes, anónimos con sugerencias, campañas pro linchamiento en el vecindario... He acudido a su llamada de socorro para ver si se me ocurre algo y, lo confieso, porque me he comprometido a dar una conferencia sobre Beethoven. Recordaba que un día, analizando la partitura del concierto de violín en aquel lugar, acabamos construyendo toda una teoría y yo acabé citando a Newton. ¿Cómo iba todo aquello? La conversación nos atrapó de nuevo y nos olvidamos del perro, que hoy, por cierto, ya no ladra. Se ha hecho mayor.

El *Concierto de violín en Re* de Ludwig van Beethoven, opus 61, está ahí, en la historia de la música, como una torre visible desde cualquier distancia y dirección. Conviene un sencillo ejercicio doble: escucharlo y leerlo a la vez. Para seguir una audición de esta obra con la partitura bastan unos rudimentos intuitivos de solfeo (más arriba, más agudo; más blanco, más largo). Lo primero que se percibe es un claro contraste entre lo que se oye y lo que se ve. Por el oído entra todo un mundo de serena belleza y espiritualidad luminosa: es una grandiosidad. Pero ante la vista desfilan elementos muy simples, dibujos melódicos y rítmicos casi geométricos, escalas cromáticas, acordes arpegiados en séptima, largos trinos, octavas..., se diría incluso que se trata de estudios de mecanismos para dedos y golpes de arco. Ni una fórmula virtuosística. Es la grandeza: lo extenso y complejo es inteligible porque se comprime en lo breve y lo simple. ¿Dónde he visto antes la grandeza de una grandiosidad?

Este tipo de grandeza, la de la *compre*n*sión por compresión*, no es obligatoria en música. No ocurre, por ejemplo, en el concierto de violín de Brahms (enorme, pero de complejidades poco reducibles). Ni siquiera ocurre con los íntimos cuartetos o las densas sonatas de piano del propio Beethoven. En ciencia, sin embargo, este tipo de inteligibilidad es, como mínimo, prioritaria. Ocurre con las leyes de la mecánica de Newton, cuya grandeza está en comprimir grandiosidades tan dispares como el movimiento de un planeta o el vuelo de un insecto. Estas leyes son aún, para muchos, la referencia central de la ciencia moderna. Muchas otras disciplinas se construyen sumando, combinando, simulando o emulando tales fundamentos. Digamos que este tipo de inteligibilidad es, en ciencia, una exigencia y, en arte, una opción, como la de Beethoven en este concierto. ¿Por qué?

El concierto de violín de Beethoven es una investigación científica sobre la inteligibilidad del instrumento. ¿Cómo saber, de una vez por todas, cuál es la eficacia de un violín? El primer tiempo, el *Allegro ma non troppo,* lleva el peso de la prueba. El violín no se pelea contra la orquesta, sino que requiere su colaboración, pregunta, contrasta, duda, confirma, dialoga, busca... y encuentra. En el segundo tiempo, el *Larghetto*, se aplican los resultados con emoción contenida. Un tema, bellísimo, se mueve, oscila, evoluciona, acepta nuevas ideas frescas y, de repente..., se hace la luz. La belleza es casi insoportable. ¡Funciona! El científico que ha vivido esta clase de júbilo reconoce también el tipo de inquietud que le sigue inmediatamente después. ¿Y ahora qué hago? ¿Cómo convencer a los demás de esta trascendencia? ¡Hay tantas aplicaciones posibles! ¿Y si resulta que es incluso más universal de lo que parece? ¡Queda tanto por hacer! ¿Y si no es tan trascendente? ¿Y si no lo es nada? Es el momento justo de valorar la conquista, de la autocrítica, la hora de desdramatizar, de recurrir a una mínima dosis de humor. Es el *Rondó*, el movimiento final. El violín y la orquesta juegan el uno con el otro y la tensión se esfuma: se insinúa cierta continuación, pero el violín da un quiebro y, en lugar de ceder la palabra a la orquesta, la retoma, sin permiso aparente, en un registro más agudo... El cerebro acepta gozoso el reto de ahora predecir, ahora sorprenderse. No vayamos a olvidar que cualquier verdad tiene un límite y una vigencia.

La obra divide hondamente la historia de la música en dos. Preguntemos a los violinistas, a los compositores, a los melómanos. Alguien tenía que escribir los fundamentos de la mecánica, alguien tenía que escribir este concierto.

47
El discreto humor de los científicos

Nápoles, 7 de febrero de 1994. En la vieja ciudad industrial del área de Bagnoli, hoy abandonada, se va a presentar el ambicioso proyecto de la Città della Scienza. El entorno, con el Vesubio, las naves de ladrillo y chimeneas, las cintas transportadoras, el embarcadero y la isla de Capri a la vista, parece diseñado por una o varias divinidades. No hay duda, si llega a buen término será el museo de ciencia más bello del mundo. En un espacio en medio de las ruinas industriales se ha instalado una mesa para la rueda de prensa. En la mesa nos sentamos el rector de la universidad, el presidente del parlamento italiano, el alcalde de la ciudad, un militar de alta graduación, dos cardenales, el de Nápoles y el cardenal Silvestrini (primo hermano del director de cine Federico Fellini), el promotor de la idea, el profesor de física teórica Vittorio Silvestrini, familiar de los dos anteriores, el jefe de la policía de la ciudad y yo como presidente que era entonces de ECSITE, la asociación de museos de ciencia de Europa. Frente a nosotros, la prensa, con sus micrófonos, flashes, cámaras y focos y unas cuarenta personas más, todos elegantemente vestidos. Los parlamentos se intercalan con los aplausos. Un gato esquelético surgido de entre los cascotes cercanos se detiene un momento, deslumbrado por un foco, pero no se espera a que yo acabe de hablar. A lo lejos suena como una fanfarria. La escena (¿tenía realmente Fellini tanta imaginación?) no tiene deperdicio. Por la noche, en un espléndido salón del Hotel Vesubio, nos sentamos los mismos, también nos acompañan algunos cónyuges, a cenar. A mí me toca cerca del cardenal Silvestrini, el general y mi amigo Vittorio. La conversación dura mucho más que la cena. Creo que nunca he disfrutado tanto de una velada. Todo es interesante, improbable, refinado y ocurrente. Todo choca con todo, provocando nuevas colisiones nutritivas. Fecundación es la palabra. Y me voy a dormir convencido de que existe un sentido del humor de soldado, un sentido del humor de clérigo y un sentido del humor de científico.

El conocimiento es, sin duda, una de las prestaciones más nobles de la especie humana. El conocimiento nos ayuda a mantenernos vivos, nos orienta sobre nuestro papel en el mundo mientras vivimos y nos da alguna pista para cuando dejemos de vivir. Para todo ello, tendemos a buscar verdades sólidas a las que aferrarnos, verdades universales y eternas, verdades que no necesitan revisión ni discusión, verdades sin matices... La ciencia es una forma de conocimiento. Sirve mucho para sobrevivir, poco para dar un sentido a la vida y nada para trascender más allá de la realidad material. Cuando subimos a un avión lo hacemos confiando en la dinámica de fluidos, en la mecánica de los motores a reacción, en la estadística matemática... Otra cosa muy distinta sería si la seguridad del vuelo dependiera de una verdad vanguardista del arte o de una revelación mística. Hay aplicaciones del conocimiento científico que son, sí, muy seguras. Pero, curiosamente, todas las verdades de la ciencia acaban siendo, en algún sentido, revisables. Se puede decir que todas las verdades de la ciencia son provisionales. En rigor, se puede afirmar incluso que todas las verdades de la ciencia son mentira. Más aún, el científico, por oficio, se levanta todas las mañanas con la ilusión de acabar con la vigencia de alguna (pequeña o grande) verdad científica o de aportar alguna tímida verdad allí donde antes sólo había nada. Soportar la fragilidad de la verdad científica no es difícil y los científicos acaban por cogerle el gusto al error, a demostrar que algo es falso... Lo vigente es lo que aún no ha fracasado. El éxito del científico se parece al del atleta de salto de altura o de salto con pértiga. Siempre acaba derribando el listón..., a menos que uno se retire de la prueba. Lo difícil no es aceptar la fragilidad de la verdad, sino recordar que la verdad es frágil. Sólo hay una manera, creo, de protegerse contra la mitificación y divinización de las verdades. Y la ciencia usa esa manera. Es el humor. El humor es la primera forma de autocrítica, de desdramatización... El humor hace soportable cambiar antiguas hipótesis fundamentales. El humor sirve para desautorizar al maestro de uno sin que ello suponga una falta de respeto. El humor ayuda a no acobardarse ante aquello de que «muchas otras personas de la historia, probablemente más inteligentes que tú, ya han reflexionado y decidido sobre...». El humor se usa para hacer propias las verdades ajenas después, y no antes, de triturarlas sin que por ello se ofenda el autor original o sus familiares, herederos o amigos... El humor es un refresco con el que rociar los momentos de recalentamiento que sufre todo proceso de creación o transmisión de la verdad científica. Cuando una investigación publicada en una prestigiosa revista especializada, o cuando una exposición abierta en un museo de ciencia, no se permite una mínima sonrisa sobre sí misma, entonces se levanta la sospecha. ¡Hay que desconfiar de los productores o vendedores de conocimiento que no encuentran el momento de sonreír ampliamente sobre sí mismos!

La autorreferencia es, justamente, una fuente de un humor saludable para el análisis de ciertas leyes de la naturaleza y una buena fuente de paradojas y teoremas matemáticos. La paradoja clásica de Epiménides, por ejemplo, «dice Epiménides el Cretense: todos los cretenses mienten», es una frase que sólo puede ser cierta si, y sólo si, es falsa. Es decir, la afirmación no puede ser ni verdadera ni falsa. Es indecidible. Cuenta la leyenda que hubo en Sevilla un único barbero respecto del que se publicó un decreto ley: «Debía encargarse de afeitar a todos aquellos, y sólo a aquellos, que no se afeitaban a sí mismos». Pero entonces ¿quién afeita al barbero de Sevilla? Si se afeita a sí mismo, por ley no debería hacerlo. Y si no se afeita a sí mismo, entonces, por ley, debería hacerlo. La ley obliga al barbero simultáneamente a afeitarse y a no afeitarse a sí mismo. «Nunca aceptaría ser miembro de un club que me aceptara a mí como socio», decía lúcidamente Groucho Marx. «Todas las afirmaciones generales son falsas, incluso ésta», dijo alguien (y podría decir de hecho cualquier físico fundamental). Lo que empezó siendo una paradoja en la antigua Grecia acabó publicándose en 1931 como el teorema más importante de toda la historia de la lógica matemática: el célebre teorema de Kurt Gödel. El teorema se refiere a sistemas formales, de algún modo aritmetizables, pero ha dejado un agridulce sabor de boca en la aventura del conocimiento. Nunca lo sabremos todo. En cualquier esquema conceptual habrá siempre verdades indecidibles, verdades imposibles de demostrar sin una revolución que nos permita escapar de tal esquema conceptual. El humor autorreferente tiene la virtud de recordarnos este principio. No es del todo cierto, pues, que los científicos tengan vocación de graciosos; el humor es una práctica diaria necesaria para su higiene mental. Todo lo que hay que soportar, a lo sumo, es algún chiste malo. El otro humor, el que se construye sobre el adversario o sobre los defectos y limitaciones ajenas, no es tan útil. Es posible que hasta sea un fraude, pues el ridículo de los demás se prepara a veces como una fiesta, barata y desproporcionada, en honor de una eventual grandeza propia.

48
Taínos: el principio del fin

Playa de la Caleta, miércoles 30 de noviembre de 1994 en la carretera de Santo Domingo al aeropuerto. Esta mañana he probado aquí mi primer equipo de buceo. Nadie sabía cuántas libras de plomo necesitaría mi anatomía para lograr la flotabilidad neutra. El primer intento ha resultado fallido y, tras deslizarme desde la chalupa, he bajado en rigurosísima vertical sin poder cumplir ni una sola de las instrucciones recibidas, hasta posarme en el fondo, veintidós metros más abajo. Allí me he sentado a disfrutar del paisaje y a que los expertos bajaran a inspeccionar mis arreos. Una hora más tarde busco por la playa una cerveza helada Presidente. Unos niños hiperactivos se brindan a ir por ella. Así descubro, entre los árboles de la playa, un minúsculo museo con restos mortuorios de indios taínos. Habían vivido y muerto allí mismo. En una tumba pueden verse los esqueletos casi intactos de un hombre y un perro. Hay muy poca luz. De la penumbra de un rincón surge una figura que camina hacia mí. El joven dominicano es un estudioso de la cultura taína y la plantilla completa del museo: guarda, guía, conservador y director. Y un gran conversador. Traen la cerveza y van a por otra haciendo carreras. Me cuenta que en los libros de texto de las escuelas todavía se describe el milagro de la Virgen apareciéndose a los colonos españoles para ofrecerles su protección frente a los salvajes. La escena se me hizo clara en la mente. A la izquierda un indio taíno con un tanga y una cerbatana acompañado de un perro mudo de compañía, a la derecha, mirándole de frente, un soldado recién llegado con su casco, peto, armas blancas y de fuego, sosteniendo por la cadena un perro especialmente entrenado para saltar a los genitales del vecino.

Varios años después hice pintar esta escena en un mural de la exposición.

Es bien sabido, pero no por ello un consuelo, que desde que el mundo es mundo casi todo lo que empieza, tarde o temprano termina. La cultura taína sucumbió poco después de chocar con la cultura venida del otro lado del océano. Los pacíficos indios de los trigonolitos (unas piezas triangulares que enterraban y sobre las que se orinaban para fertilizar la tierra), los indios de los perros mudos y las cotorras (animales a la vez para comer y de compañía), los indios que adoraban jugar a la pelota..., no resistieron las nuevas enfermedades del viejo mundo, ni la profunda desmoralización que les produjo el cambio de vida impuesto. Estaban acostumbrados a luchar y a morir contra los *caribes*, sus agresivos vecinos caníbales, pero nunca lograron aprender a ser esclavos; sencillamente, no «les salía» el serlo. He aquí un ejemplo revelador del encontronazo de ambas culturas. Los nativos, deslumbrados por los signos externos de los recién llegados (catedrales, galeones, armas, caballos...), atribuyeron a las imágenes religiosas de los españoles los poderes que deberían tener sus en principio equivalentes trigonolitos. Al parecer las «tomaron prestadas», pero para usarlas a su manera. No hubo sentido del humor suficiente para perdonar el monumental error. El testimonio ha quedado en el valioso documento de 1493 del ermitaño fray Ramón Pané, *Relació sobre les Antiguetats dels Indis*, capítulo XXVI:

«... Quan aquells van sortir de l'adoratori, tiraren les imatges a terra i les van cobrir de terra i després s'hi orinaren, dient: "Ara seran bons i grans els teus fruits". I aixó perqué les van enterrar en un camp de conreu, esmentant que seria bo el fruit que s'hi havia plantat. I en ser vist pels nois que guardaven l'adoratori per ordre dels avantdits catecúmens, aquets van córrer cap els seus progenitors, que es

trobaven a les seves terres, i els digueren que la gent de Guarionex havia destrossat i escarnit les imatges. I ells, en saber-ho, deixaren el que estaven fent i anaren cridant per a donar-ne avis a Bartomeu Colom, que tenia aquell govern per encàrrec del seu germà l'Almirall, que havia marxat a Castella... I jo puc dir-ho ben de veritat, perquè m'he fatigat per saber tot aixo, i estic segur que s'haurà entès pel que fins ara hem dit; i qui tingui orelles que hi senti».

«Cuando aquellos salieron del santuario, tiraron las imágenes al suelo y las cubrieron de tierra y después se orinaron en ellas, diciendo: "Ahora serán buenos y grandes tus frutos". Y por eso las enterraron en un campo de labor, mencionando que sería bueno el fruto que allí habían plantado. Y, cuando aquello fue visto por los niños que vigilaban el santuario por orden de los mencionados catecúmenos, éstos corrieron hacia sus progenitores, que se encontraban en sus tierras, y les dijeron que los hombres de Guarionex habían destrozado y ultrajado las imágenes. Ellos, al saberlo, dejaron lo que estaban haciendo y corrieron gritando para avisar a Bartomeu Colom, encargado de aquel gobierno por su hermano el Almirante, que había vuelto a Castilla... Y puedo decirlo con toda certeza, ya que me he esforzado en saber todo esto, y estoy seguro de que se habrá entendido por todo lo dicho hasta ahora, y el que tenga orejas que oiga.»

49
La profesión y el vicio que va por dentro

En unos Juegos Olímpicos se repiten muchas escenas, todas iguales y sin embargo todas distintas. Obsérvese, por ejemplo, la reacción de un atleta en el momento exacto de constatar que acaba de ganar el oro. El oro significa la culminación de una intensa dedicación para lograr ser el mejor de la gran fiesta, es un reconocimiento del mundo entero y un honor, un honor y un orgullo para el entorno al que pertenece: familiares, amigos, vecinos, pueblo o ciudad, región, país, continente... (Y cuanto más pequeño es el entorno más orgullo para el entorno, claro.) Meses y años de tensiones de todo tipo se liberan en un estallido de alegría emocionada que descompone la cara de mil curiosas maneras distintas. Si era previsible... pues porque podría haber fallado, y si no era previsible... pues por eso. Las caras son, en efecto, todas distintas: unas se quedan pequeñas ante una sonrisa en continua expansión, otras aprietan el gesto en una lucha desesperada por reprimir los sollozos, unas se rinden y sollozan sin más, otras, extasiadas, se dilatan y parecen contemplar una divinidad, otras se pliegan sobre sí mismas paladeando orgásmicamente el momento, unas «pronuncian», letra a letra, clarísimas reflexiones (¡Lo hice, lo hice!), otras actúan según un plan ensayado mentalmente, pero que la emoción del momento traiciona y deforma en torpe mímica... Todas son distintas, sí, pero todas son iguales porque en cada una de ellas puede leerse también la descarga de una larga obsesión. Es una de las marcas del atleta de élite.

De hecho, muchas otras profesiones —porque prepararse para unos Juegos es hoy una profesión— están marcadas por esa dedicación obsesiva. Es el caso de los productores de conoci-

miento: escritores, pintores, científicos, músicos (compositores e intérpretes)... También aquí se percibe una marca común que, al mismo tiempo, exhibe interesantísimos rasgos específicos. Atención a lo que sigue. Toda concentración intensa y prolongada tiende a ayudarse de ciertos, digamos, vicios, ya sea para estimular o soportar tal tensión o para tratar sus secuelas.

Nótese que los escritores de ficción (que con frecuencia necesitan relacionarse con el prójimo para alimentarse de historias) *beben*. El alcohol lubrifica los canales de la conversación nocturna del escritor urbano y hace que el folio en blanco parezca color crema.

Los pintores y escultores, en cambio, no pueden beber tanto porque su trabajo suele requerir una mínima forma física y una buena luz matinal; en cambio son muchas las veces en las que, en la soledad de su estudio, se apartan unos metros de la obra y se regalan, en cuclillas y atentísimos, unos minutos de contemplación. El cigarrillo es un rito perfecto para el solitario artesano que libera las manos por un instante para estudiar cómo marcha la propia obra. Por lo tanto los pintores y escultores más bien *fuman*.

Los músicos, sobre todo los compositores-intérpretes, que deben «entrar en trance» frente a la audiencia, suelen creer necesitar algo más fuerte y resulta que se *drogan*. La química crea mundos de los que no siempre es fácil volver. En cambio los compositores-compositores se parecen, por razones obvias, más bien a los escritores. Y el músico-intérprete-virtuoso se parece, también por razones obvias de forma física y de perfección, al atleta de competición. Pero a eso volveremos al final. Sigamos.

Los científicos deben evitar (en principio) los monstruos que genera el sueño de la razón y la consiguiente colaboración intrusa y espontánea de monstruos y fantasmas. Por eso huyen (también en principio) de los métodos anteriores, pero necesitan, tras un periodo largo de «forzar los sesos», lograr un alivio intenso aunque sea fugaz. Por eso los científicos suelen preferir el *sexo*, aunque sea practicado de un modo más bien nervioso y terapéutico. Son varios los casos de grandes científicos de los que se cuenta que, agarrotados por la tensión de un seminario, desaparecen misteriosamente durante unos veinte minutos, tras los cuales retornan sorprendentemente relajados y sonrientes.

El filósofo (y el religioso) en cambio *come*, quiero decir, come bien. Suele ser un buen gastrónomo. No sé bien por qué. Quizá sea porque tiene tiempo, mucho tiempo. En general sus problemas son casi los mismos que los que preocupaban en tiempos de los antiguos griegos, son temas que pueden saborearse y acariciarse lentamente mientras se recorren los recetarios más sabios, antiguos y diversos. Goza, eso sí, más que entiende.

Y llegamos al atleta de competición. Dejemos de lado el caso absolutamente trivial del *«doping»*, que no es un vicio sino un grosero plan premeditado de fraude. Nunca antes me había planteado la cuestión, pero una breve noticia de prensa, al inicio de los Juegos Olímpicos de Barcelona, me dio que pensar. La noticia era: «Los juegos recreativos electrónicos (tipo "comecocos") causan furor en la Villa Olímpica nada más llegar los atletas». Pues quizá sí: el atleta, sobre todo, juega. Las reglas y métodos del atleta son rígidas y desesperadamente deterministas, pero el azar domina con sus caprichos el momento culminante de la competición. La disciplina y obediencia son inevitables. Las esperas en ambientes extraños son largas y tediosas. Las conversaciones con compañías impuestas se agotan con facilidad. El cerebro debe ser apartado con frecuencia de sus tendencias naturales. Reglas, azar y aburrimiento componen un perfecto caldo para cualquier tipo de juego.

En fin, cada clase de profesión tiende, creo, a favorecer una clase de vicio. Habría que ponerse a investigar para saber si esta frívola afirmación puede llegar a alcanzar el respetable nivel de teoría científica. Sólo hay algo inquietante en todo esto. Si la teoría es cierta, entonces se explica un poco la rareza de una importante figura del progreso de la cultura humana: la del admirado «hombre del Renacimiento», ese ser de apetitos culturales universales e interdisciplinarios, el de la mente abierta a toda nueva idea o método, la del gran humanista deliciosamente disperso. En caso de existir, pobre hombre, no puede ser mucho lo que pueda llegar a vivir..., tan grande y diverso sería su mundo de tentaciones.

50
El caso Sokal

Creo que fue Jorge Luis Borges quien un día soltó de repente, en una entrevista, que la mejor versión del *Quijote* era una en lengua inglesa. La respuesta indignada de humanistas de todo signo casi mata de risa al anciano escritor. Creo que fue un británico quien organizó, una vez, una exposición de una joven promesa de la pintura. El mismo día de la inauguración se vendieron, en ausencia del misterioso autor, la mitad de los cuadros. La crítica celebró unánimemente el nacimiento de un nuevo genio. Casi al mismo tiempo, el galerista confesaba, entre sollozos de risa, que el artista era una cría de chimpancé particularmente interesada en los plátanos que le daban a cambio de manchar el lienzo. La risa no es sólo una buena terapia para el cuerpo. Algunas formas de provocarla sirven también para poner a prueba la salud de las instituciones. Alan D. Sokal, profesor de física de la Universidad de Nueva York, es el último usuario de este brillante revulsivo.

La ciencia pasa por ser, y sin duda lo es, la forma más objetiva, más inteligible, más dialéctica, más rigurosa y por lo tanto más universal de conocimiento. Confiamos en la ciencia en muchos de sus dominios de aplicación. Para volar sobre el Atlántico, por ejemplo, son pocos los que dudarían entre el avión diseñado por un científico y otras alternativas ideadas, digámoslo con todo respeto, por un místico o por un artista. Sin embargo, ¿qué ocurre cuando el conocimiento científico necesita impregnarse de ideología? La biología contiene más ideología que la física, la economía más que la biología y la sociología más que la economía... ¿Cómo funcionan entonces las instituciones que validan y prestigian un conocimiento científico? Aparentemente, las garantías son las mismas: revistas serias, consejos editoriales de primerísimas figuras, especialistas que examinan los artículos con lupa, etc. Pues bien, Alan Sokal, un físico tímido y de suaves maneras, o así me lo pareció cuando lo conocí fugazmente a principios de los ochenta, se ha hecho la misma pregunta pero formulada en los siguientes términos: ¿publicaría una revista, líder mundial en estudios culturales, un ensayo deliberadamente repleto de absurdos, con tal de que *(a)* suene bien y *(b)* adule los presupuestos ideológicos de los editores? La respuesta a esta afortunada idea es, desafortunadamente, sí. Sokal envío a la revista *Social Text* un espesísimo manuscrito de 48 páginas (!) y 235 referencias bibliográficas (!), en las que aparece toda la intelectualidad del pensamiento científico de los últimos años, profusa y fantasiosamente citadas en desmesurados pies de página. El artículo, «Transgressing the Boundaries: Towards a Transformative Hermeneutics of Quantum Gravity», aparece, cargado de hilarantes animaladas, en el último número de primavera-verano de 1997 de la revista del tema que más estrellas luce en su consejo editorial.

Las reacciones son ya un mar de tinta en el que burbujea de todo: inocencia seguida de rubor, rubor seguido de desesperación, indignación seguida de despecho, rabia seguida de sorpresa y viceversa, curiosidad seguida de admiración, reflexión, crítica, pero sobre todo risa, mucha risa, risa seguida de más risa, una risa muy sana porque, a la postre, se trata, ni más ni menos, que de la risa de la ciencia riéndose de sí misma, una risa que tanto ha faltado ¡y sigue faltando! en tantas ideologías y tantísimas creencias de la historia de la civilización. En ciencia por lo menos, ya nada volverá a ser exactamente igual que antes del caso Sokal.

51
Algunas razones para no rechazar el Nobel

Es bien sabido que el más beneficiado de un premio no es el que lo recibe sino el que lo concede. Es el caso del editor y los premios literarios, de la industria del cine y los Oscar, de las instituciones y los premios institucionales, del mecenas y los premios con nombre propio... No está descartado, no, que el premiado resulte también honrado, prestigiado o bonificado. La duda es: ¿tiene el concepto premio algún mérito a favor de la creación de conocimiento, esto es, algún valor para el resto de la comunidad? Hace mucho que tengo la convicción de esta duda, por lo que durante un tiempo estuve intrigado conmigo mismo: ¿cómo reaccionaría ante un premio, aunque fuera modesto? Lo supe llegado el momento: cobardemente. La desconocida joven que me daba la noticia parecía tan eufórica que me pareció injusto arrojarle un cubo de agua fría por teléfono. Luego vino la vacilación por el temor a ofender y más tarde fue ya demasiado tarde.

El *Nobel de...* es hoy un superlativo aplicable a cualquier otra clase de premio (la medalla Fields: el Nobel de las matemáticas, el Hutchinson: el Nobel de la ecología...) La Academia Sueca de Ciencias es sin duda la más célebre de las academias, y los científicos que ganan su premio se consagran para casi todo y para casi siempre. El Premio Nobel es además, al estilo del medallero olímpico, un índice de la exitosidad científica por naciones. Pero hay que reconocer que el Nobel ha conseguido también transmitir la idea de que la entidad dadora no es ya la memoria de Alfred Nobel o la propia Academia, sino la comunidad científica o acaso, justamente, la humanidad entera. El ganador del Nobel que logra asumir esta idea se ahorra el tremendo ejercicio de arrogancia masoquista que supone la tentación de rechazarlo.

Simplificando mucho, si el mayor beneficiario de un premio es el que lo concede, y el Nobel lo concede, digamos, la propia humanidad, entonces el Nobel es un premio que la humanidad se concede a sí misma. No hay problema. El premio se puede aceptar. Con todo, la humanidad que recibe el premio es la de hoy, mientras que la humanidad que lo concede es, en muchos aspectos, la de hace un siglo. Y un siglo es en ciencia lo que un milenio en religión o diez millones de años en evolución. La física, la química y la medicina siguen siendo disciplinas fundamentales para vivir. Y la literatura, la economía y la paz altamente recomendables para vivir y para convivir. Sin embargo, la naturaleza no vela por la vigencia de las bases de un premio. Estirando la física fundamental se puede conceder el Nobel a la ingeniería concreta y estirando la medicina concreta se puede premiar la biología fundamental. Pero resulta difícil alcanzar con el Nobel otras cuestiones de hoy, como la matemática de la información, las ciencias del entorno, la arquitectura o el urbanismo. El Nobel no es un estímulo que favorezca la actual manera de hacer ciencia: en equipo y en terrenos interdisciplinarios. Los premios de las tres ciencias experimentales son, es cierto, los de mayor objetividad y sirven quizá para teñir de reconocida solvencia a los otros tres que tratan de la complejidad humana: el de literatura, célebre por sus presencias olvidadas y notorias ausencias, el de la paz, célebre por sus tragicómicas contradicciones, y el de economía, que la realidad suele empeñarse en desmentir rápida y minuciosamente. Pero, asumidos éstos, ¿por qué olvidar otra vasta disciplina, antigua y gloriosa, que tanto nos ayuda a existir? Picasso, Stravinsky, Warhol, Casals, Le Corbusier, Menuhin, Bacon... son nombres con nobles resonancias nobelescas...

52
Breve elogio de la química

> *El director del legendario Deutsches Museum, mi buen amigo Peter Fehlhammer, acudió un día de primavera a una reunión de directores de museos científicos en Barcelona. Uno de los temas de discusión fue la imagen pública de la química. Nuestros colegas nos encargaron a Peter y a mí la elaboración de un manifiesto. Y así lo hicimos, bajo un florido ciruelo al borde del jardín. Éste fue el resultado, al poco difundido a los cuatro vientos, y del que hoy existe ya incluso una película.*

De la misma forma que cada persona tiene su personalidad, cada disciplina científica tiene su aura especialísima, su particular prestigio entre la ciudadanía. La *matemática*, por ejemplo, es compacta, límpida, elegante, perfecta. La *física* es potente, seria, altiva, temerosamente respetable. La *biología* es densa, diversa, compleja, emotiva. La *cosmología* es ancha, antigua, alucinógena, agorafílica. La *psicología* es volátil, poética, sagrada, frágil... ¿Y la *química?* Pues algo pasa con ella porque, al parecer, resulta que la química es coloraina, fumiforme, lacrimógena, artificial, tramposa..., mala. «*¡Esto tiene química! Allá tú si te lo (la) comes. ¡Aquí hay química! Tú verás si te lo (la) bebes.*»

Con la química ocurre como con ciertos individuos, animales o plantas: no tienen la reputación que merecen. Con el ánimo de hacer justicia, representantes de los museos científicos más creíbles de Europa se han reunido en Barcelona.

Las conclusiones del debate bien pueden resumirse en el siguiente manifiesto dirigido al ciudadano:

1. *¡Tú eres química!* Los seres vivos tienen, entre otras cosas, un cuerpo material y la química se ocupa, justamente, de la transformación de la materia. No existe el *vis vitalis*. Wholer, por ejemplo, sintetizó, en 1828, la urea a partir del cianato de amonio.

2. *¡... y también lo es el resto del universo!* La química tiene que ver con todas las ciencias que, de una forma u otra, versan sobre la materia, es decir, la química tiene que ver con todas las ciencias: física, biología, medicina, psiquiatría, farmacia, arqueología, geología, paleontología, astronomía, astrofísica...

3. *La química inventa nuevos materiales «a la carta».* La historia de la civilización se puede escribir como la historia del dominio de la materia (Edad de Piedra, Edad de Hierro, Edad de Bronce...). En un principio se trataba de elegir los materiales según sus propiedades así llamadas naturales. Hoy, la ciencia le ha dado la vuelta a esta situación. Puede arrancar de una lista de (anheladas) propiedades y buscar luego un material, inexistente espontáneamente en la naturaleza, que las luzca (plásticos, materiales con memoria de forma, ferrofluidos, semiconductores, superconductores, fluidos electrorreológicos, plasmas...).

4. *No existen copias mejores o peores de las moléculas, ¡sólo existen ejemplares originales idénticos!* No hay la menor diferencia entre una molécula de cloruro sódico a la deriva en el océano Índico y otra vibrando en la lágrima de un bebé.

5. *No existen sustancias tóxicas, ¡sólo existen dosis tóxicas!* Muchísima sal de mesa puede ser muchísimo peor que poquísimo cianuro. Los químicos pueden detectar cantidades inimaginablemente pequeñas de muchos compuestos. Eso es tranquilizador, aunque gracias a tal habilidad hoy sabemos, por ejemplo, que la contaminación ha alcanzado ya los paisajes más remotos del planeta.

6. La química provee las soluciones a sus propios problemas. La presencia de una nueva substancia repugnante o peligrosa en nuestro entorno acaso provenga de una reacción química. Es cierto, pero será sin duda otra reacción química la que nos libere de ella.

7. Beethoven, Dante, Velázquez..., ¡Lavoisier! Los grandes triunfos de la química, como la síntesis o la teoría de la estructura, son comparables a los más altos logros de la cultura humana.

8. Ni siquiera los químicos son perfectos. En cuanto a los beneficios: existen sustancias que la química todavía no ha sabido reproducir, como la de los delicadísimos hilos de una tela de araña. En cuanto a los riesgos: tomar decisiones compete al ser humano que todo químico lleva dentro y, sobre todo, al químico que todo ciudadano moderno debería ir cultivando en su interior. Por ello, entre otras cosas, hay que amar la química.

53
El misterio de la pieza «Jorge Caridad»
o La historia de un trágico instante, hace treinta millones de años, en la vecindad de un hormiguero policálico

Santo Domingo, barrio colonial, miércoles 8 de febrero de 1995. Es mi segundo viaje a la República Dominicana. El objetivo principal es bucear en las cálidas aguas del Caribe tras los restos de dos galeones españoles hundidos en 1724. El primer viaje ya había sido una fuente de nuevos amigos: capitanes de barcos, buscadores de tesoros, pescadores de lambí, arqueólogos, ingenieros navales, historiadores, conservadores de museos, fotógrafos aventureros, biólogos y oceanógrafos, rescatadores de piezas arqueológicas... y mineros, ¡mineros del ámbar! Así conocí a Jorge Caridad y así surgió un segundo objetivo: reunir una colección de insectos en ámbar para el Museo. Aquella tarde llevaba dos horas mirando por el microscopio insectos capturados por la resina decenas de millones de años antes: mosquitos de fantasiosos plumajes, termitas de oro en pleno trabajo, escarabajos desesperados por liberarse de su pegajosa tumba, hormigas macho vírgenes, mantis religiosas durante su última oración, saltamontes cojos... «¿Quieres ver algo especial?» Era Jorge Caridad quien me traía otro vaso de agua helada. Abrió la caja de caudales, dentro de la cual, en otra caja de caudales, había un caja de cartón de cuyo interior extrajo un saquito que contenía un sobre donde guardaba una pequeña pieza de apenas dos centímetros cuadrados. «Pero no te pongas pesado, porque no está en venta.» Horas después despedía, en el restaurante Vesubio del malecón, a Luis Monreal, director general de la Fundació «la Caixa», que regresaba a Barcelona después de comer. Yo ni siquiera había tocado el plato, sólo hablaba y hablaba de la pieza. Monreal comía en silencio mientras pensaba, iba pensando yo, algo así como «¡Pero qué in-

cordio de tipo me ha tocado en suerte!». Monreal se levantó despacio, miró fijamente mi semblante derrotado de antemano y dijo: *«Cuando uno se tropieza con algo así, vale la pena luchar; adelante...»*. Casi se me saltan las lágrimas: olé con el jefe. Perseguí al pobre Jorge Caridad sin compasión. Nunca le agradeceré bastante que no resistiera más de una semana. No se trataba de un problema de dinero. En realidad, era cierto que la pieza no estaba en venta. Su sueño era construir el primer Museo del Ámbar en Santo Domingo y el trato era la misteriosa pieza a cambio de asesoramiento y apoyo museográfico para su hermoso proyecto. El Museo del Mundo del Ámbar ya es una realidad y el Museu de la Ciència se considera su amigo incondicional. La colaboración entre ambos continúa.

Barcelona, martes, 28 de noviembre de 1995. Dos de los tres entomólogos de hormigas más importantes del mundo han aceptado la invitación y desembarcan en Barcelona. Se trata de Roberto Brandao, del Museu de Zoologia de Sao Paulo, Brasil, y Cesare Baroni-Urbani, de la Universidad de Basel, Suiza. Ha declinado la invitación, aunque se mantiene atento a la evolución del asunto, Edward O. Wilson, de la Universidad de Harvard. Baroni-Urbani y Wilson habían tenido, poco tiempo atrás, un duro enfrentamiento a causa de una sola hormiga, muy mal conservada en ámbar dominicano. Según Baroni-Urbani se trataba de un individuo del género Leptomyrmex, lo que suponía importantes consecuencias biogeográficas, tajantemente negadas por Wilson. Brandao me había explicado e ilustrado la polémica poco antes en Sao Paulo durante mi visita para identificar los insectos de la primera serie de piezas adquiridas en Santo Domingo. Lo que yo creí ver aquella tarde calurosísima en el taller de Jorge Caridad y lo que trataba de explicar a Luis Monreal, entre hipos, en el restaurante Vesubio, fue, ni más ni menos, eso: toda una colonia de un centenar de individuos intactos de Leptomyrmex. Brandao y Baroni-Urbani habían abandonado sus clases y sus investigaciones orientados sólo por una fotografía que yo les había mandado a modo de invitación. A las tres horas de estudio me encuentro a ambos cientí-

ficos derrotados. No, no era una Leptomyrmex. *Media hora después les voy a buscar para comer. Están eufóricos. No es* Leptomyrmex, *ni nada conocido. Si conseguimos describir el nuevo género (nueva especie seguro que es), la bautizaremos, todos estamos de acuerdo, como* Tainomyrmex caritatis. *Mis colegas entomólogos hicieron dos viajes más. En total se han publicado ya tres trabajos sobre la pieza. Al final ha resultado ser una especie nueva de un género ya conocido. Su nombre definitivo es* Technomyrmex caritatis. *Pero el extenso trabajo de más de un centenar de páginas, que aparecerá pronto en revistas especializadas, supone una revolución en muchos aspectos. Sin embargo, tampoco es eso lo más importante. Como veremos inmediatamente, el caso de esta Pompeya de hormigas se ha convertido en un auténtico paradigma de la investigación interdisciplinaria o, si se quiere, de los beneficios de la promiscuidad científica. Y se ha convertido también en una cosa más: ¡en un paradigma de la museografía moderna!*

París, lunes 22 de enero de 1996. *En un pequeño restaurante de la calle Gegenaud ceno con Olivier Postel, el flamante nuevo director de la revista* La Recherche, *en la que colaboro mensualmente con una columna sobre pensamiento científico. Mediado el primer plato, le hago una propuesta editorial. Y la acepta, despidiendo un chorro de estrellitas con la mirada, mientras espera el segundo. Brandao, Baroni y yo escribiremos dos artículos. En el primero sólo datos y un desafío: ¿qué estaban haciendo las hormigas cuando, hace treinta millones de años, les sorprendiera la tragedia? En el segundo, un año más tarde, se publicaría la teoría más verosímil, es decir, la verdad científica. Los lectores tendrían la oportunidad, durante un año, de ponerse en la piel de los investigadores científicos. Se trata de un verdadero desafío entobioetotafopaleontofísicopsicogeozooquímicohistóricoliterariopolicíaco.*

Saint Louis, martes 21 de octubre de 1997. *Es la reunión anual de la ASTC, la virtual asociación mundial de Museos de Ciencia. Comparto la mesa redonda con Peter Fehlhammer, del* Deutshes Museum *en Munich, y Lynn Dolnick, del National Zoolo-*

gical Park de la Smithonian Institution en Washington. *Nos disponemos a debatir el tema: ¿debe hacerse investigación científica en un moderno Museo de Ciencia?* Gary Delacote, director del legendario *Exploratorium de San Francisco nos vigila, expectante, desde el fondo de una audiencia de lujo. El número 33 de enero de 1998 de la* ECSITE Newsletter *(boletín trimestral de la asociación de Museos Europeos de Ciencia) publica en su página los puntos esenciales de esta ponencia basada, íntegramente, en la solución del misterio de la pieza «Jorge Caridad». Son los siguientes:*

1. La investigación científica de cualquier pedazo de realidad es la mejor manera —¡y la más barata!— de inventar nuevas e insólitas exposiciones de ciencia.

2. La investigación científica revaloriza, científica y museológicamente, tal pedazo de realidad.

3. La investigación científica mantiene el museo en contacto con la comunidad científica (y evita que aquél resbale hacia un parque de atracciones o hacia el mero complemento escolar).

4. La investigación científica crea una atmósfera saludable para el talante científico del equipo de personas que cada día se esfuerza en hacer el museo.

5. La investigación científica es una fuente inagotable de ideas museológicas para mostrar el método científico (y no sólo los resultados de la ciencia, que es lo que ocurre cuando se recurre sistemáticamente a los especialistas y a las referencias).

6. La investigación científica en un museo es importante para la investigación científica en sí misma, porque existe un tipo de actividad interdisciplinaria que sólo puede darse en los museos.

La aventura, pues, continúa. Y no es imposible que pronto pueda visitarse, en Barcelona y en Santo Domingo, una sala sobre el método científico basado en la solución del misterio de la pieza Jorge Caridad. Los artículos de La Recherche *se publicaron en junio de 1996 (288, pág. 54) y en mayo de 1997 (298, pág. 40) y en su versión en castellano en* Mundo Científico *en septiembre de 1996 y julio de 1997. Lo que sigue es la esencia de estos trabajos.*

Primera parte: los datos del enigma

La pieza de ámbar llamada «Jorge Caridad» *(JC)* fue encontrada en febrero de 1995 en la República Dominicana y se conserva, desde septiembre del mismo año, en el Museu de la Ciència de la Fundació «la Caixa» con la referencia MCCB 0060. La mina de donde procede es conocida por la extraordinaria pureza y transparencia del ámbar, pero también por lo infrecuente de la presencia de inclusiones de insectos en sus piezas. Su antigüedad es de unos treinta millones de años. Sin embargo, esta pieza es especial. En su interior se observa, nítidamente, una escena oligocénica en la que participan cerca de cien individuos. La práctica totalidad de los actores de la escena son hormigas de una misma especie. Lo insólito es que aparecen en todas las fases del desarrollo: huevos (primera pieza de ámbar de la historia (!) en la que aparecen huevos de hormigas), larvas en diversos estados de crecimiento, pupas (primeras pupas de esta subfamilia fosilizadas en ámbar) y obreras. El interés científico de esta pieza tiene como mínimo dos aspectos. El primero es puramente taxonómico. Un estudio que está a punto de publicarse en *Systematical Entomology* demuestra que se trata de una especie extinta no descrita hasta ahora de la subfamilia *Dolichoderinae*. Ello implica una rediscusión de la historia de las subfamilias de hormigas con importantes consecuencias biogeográficas. El segundo tiene que ver con el comportamiento de los individuos de la colonia y con los hechos ocurridos durante los instantes previos a la inclusión: ¿qué es lo que ocurrió pocos instantes antes de la inclusión? ¿Qué estaban haciendo las hormigas? ¿Qué representa la escena etológicamente?

La información biológica conjuntamente con unos cálculos de estadística matemática, ciertas prácticas de física como la fotoelasticidad, la iluminación con luz ultravioleta, ciertas nociones de dinámica de fluidos, un poco de observación y un mucho de sentido común, deberían bastar, en principio, para aventurar una o varias respuestas posibles sobre este breve evento de un pasado tan remoto. Es lo que nosotros, dos entomólogos y un físico, hemos intentado. Nuestra *verdad* se ha ido matizando con la llegada de cada nuevo dato. Ya lo sabemos, la verdad científica tiene (por lo menos en los matices) una vigencia limitada. Tenemos una respuesta y, para obtenerla, hemos practicado una cierta promiscuidad científica en un hermoso ejercicio genuinamente interdisciplinario. La idea de esta primera parte es ofrecer todos los datos con la menor dosis de interpretación posible. Y, como en las buenas novelas policíacas, se trata de que el lector tenga su tiempo para descubrir su propia verdad, su propia interpretación de los hechos, su propia teoría. En la segunda parte sugerimos una verdad, la nuestra. Ahí va casi todo lo que sabemos, de momento, sobre la pieza *JC*.

Descripción de la pieza

La pieza *JC* es de un ámbar duro muy transparente, con pocas burbujas e impurezas, correspondiente al Oligoceno (la datación química indirecta da unos 25 millones de años de antigüedad). Su forma, salvo una pequeña protuberancia, es casi paralelepipédica con dimensiones $32,5 \times 21,16 \times 9,75$ mm, y su peso 4,164 g. Procede de la mina de Palo Quemado, unos diez kilómetros al NE de Santiago, en la cordillera Septentrional de la isla. Tiene, como puede observarse en la figura 1, 88 inclusiones de insectos, la mayoría en perfecto estado de conservación. Dos técnicas habituales en física e ingeniería ayudan en este caso a hacerse una idea de la estructura de la pieza: la iluminación monocromática y la llamada fotoelasticidad. La iluminación con radiación monocromática de 370 nm revela la estructura de las capas del ámbar de la pieza (figura 2). La iluminación con luz polarizada, debidamente montada para evitar artefactos de birrefringencia, pone de manifiesto la estructura de esfuerzos internos. La fi-

Figura 1. La pieza «Jorge Caridad» con la colonia de hormigas sorprendidas, hace 25 millones de años, por una gota de resina.

gura 3 muestra el aspecto fotoelástico general de la pieza en sus caras *A* o *B* y la figura 4 un detalle de los esfuerzos en torno a uno de los individuos.

Descripción de las inclusiones

La pieza contiene 88 individuos, situados casi todos ellos en un mismo plano. La figura 5 muestra un dibujo de Carlos Puche de la cara A de la pieza con los detalles de las inclusiones. Un retículo superpuesto ayuda a localizar cada individuo.

La mayoría de las inclusiones corresponde a parte de una colonia de hormigas sorprendidas mientras transportaban individuos inmaduros. 82 de los 88 individuos incluidos en la pieza corresponden a diferentes fases de desarrollo de esta especie extinta de hormigas, distribuidos en la forma: 37

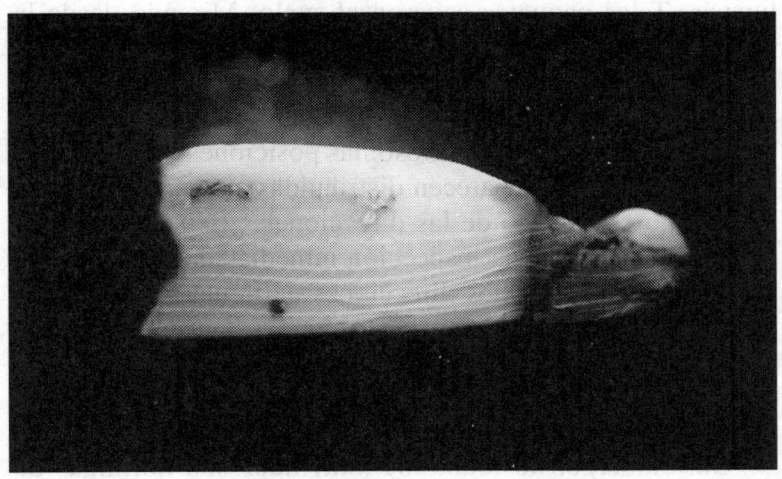

Figura 2. Vista lateral de la pieza *JC* iluminada con luz monocromática. Cada capa, en una de las cuales están las hormigas, representa una gota de resina.

obreras bien conservadas, 36 larvas (en distinto grado de desarrollo), 19 pupas *desnudas* y tres grupos de huevos. ¡No existe ningún precedente de huevos de hormiga preservados en ámbar, ni de pupas de esta subfamilia! Hay varios detalles relevantes en las posiciones de estos individuos. En primer lugar, se puede establecer una relación entre cada obrera y, digamos, uno de los inmaduros, ya sea una larva grande, una pupa o un paquete de huevos o larvas pequeñas. En otras palabras, cada obrera parece cumplir con el deber de transportar (de poner a salvo quizás) a un inmaduro. A veces lo hace con tanto celo que llega a herir al infortunado o a llevarse un pedazo entero del presunto protegido. Hay otros detalles dignos de mención. Por ejemplo, las obreras agarran a las larvas o pupas indistintamente en un sentido o en el contrario. Esto parece indicar, si se confirma que en condiciones normales las obreras tienden a agarrar a los inmaduros siempre de la misma manera, que en esta escena hay indicios de tensión y estrés. Otro detalle muy claro se refiere a los tres paquetes de huevos. Tales paquetes cayeron al suelo. Mirando desde la cara A, se anteponen a cualquier otro cuerpo, por lo que se concluye, que, desde esta cara, se mira la pieza desde «abajo». Importante detalle. Otro detalle que no escapa a la atención del observador curioso: las posiciones y direcciones de los individuos no parecen distribuidas al azar. Se impone un estudio estadístico de las direcciones. ¿Existen direcciones privilegiadas? Una inspección inmediata sugiere que, en efecto, parece haber dos direcciones particularmente pobladas y perpendiculares entre sí. Atención con una estadística de direcciones, ya que un ángulo de 1° se parece más a uno de 358° que a uno de 8°. Lo que conviene aquí es, claro, una estadística vectorial.

Sin embargo, no todos los individuos son hormigas de esta especie. En un zona poco visible hay incluso una ninfa de mantis religiosa mal conservada. En la zona izquierda inferior, justo debajo de la protuberancia de la pieza, pero en un plano diferente al de las hormigas, hay un mosquito perfectamente conservado con las alas y las antenas íntegras y completas. Hay, además, dos tisanópteros, ambos también en un plano distinto a los miembros de la colonia. Y, para terminar el censo, se pueden observar otras dos hormigas de especies distintas, ambas sin cabeza y ambas en la periferia de la pieza.

La investigación

La pieza *JC* es muy especial por contener los primeros huevos fosilizados encontrados en ámbar, por definir una nueva especie, pero también por exhibir los restos y los rastros suficientes para reconstruir algo de un comportamiento antiquísimo. Es un caso de tafonomía, es decir, un caso de investigación pseudopolicíaca para cuya solución se puede uno ayudar de la *matemática* (estadística circular, análisis de componentes principales...), de la *química* (datación indirecta...), de la *física* (fotoelasticidad, radiación monocromática, dinámica de fluidos...) y de la *biología* (entomología, etología, biogeografía...). Otra vez la pregunta central: ¿qué ocurrió? ¿Qué estaba ocurriendo? ¿Cuáles son las buenas preguntas? He aquí algunas alternativas:

¿Corresponde la escena a un *sálvese quien pueda* en el interior de un nido que estaba inundándose de resina en aquel preciso momento?

¿Corresponde la escena a una huida ordenada sorprendida fuera del nido?

¿Se trata de un transporte de inmaduros de emergencia o de uno rutinario?

¿Cómo se explica la existencia de dos direcciones privilegiadas que se cortan justamente en un punto interior a la pieza? ¿Dos rutas de emergencia? ¿Descomposición del arrastre en dos direcciones? ¿Hubo una extraña rotación? ¿Son relevantes o sólo un raro artefacto?

¿Conserva la escena alguna información relevante del comportamiento de las hormigas o, por el contrario, ya no hay memoria por causa de un arrastre turbulento?

¿Cómo y en qué condiciones ocurrió la inclusión?

Han pasado decenas de millones de años desde aquel breve episodio, pero la pieza aún conserva mucha información intacta. En ella no sólo han quedado atrapados los cuerpos de 88 insectos. También han quedado atrapados los indicios de los ultimísimos gestos de algunos de los individuos. Hay que notar que las obreras tienen una gran movilidad, que las larvas la tienen muy pequeña, y que las pupas y huevos no tienen movimiento autónomo. Pero aún hay más. Además, han quedado atrapadas tensiones internas, líneas de corriente... A continuación un breve resumen de ciertos detalles, puede que relevantes, para resolver el misterio de *JC*.

1. Las sucesivas capas visibles en la cara C, perpendiculares al campo gravitatorio, forman una estructura que es un auténtico testimonio del *paso del tiempo*.

2. La posición de los huevos fosilizados (que en un momento dado cayeron al suelo) define nítidamente el *sentido del paso del tiempo* (el futuro fluye de la cara A a la cara *B*).
3. Los esfuerzos internos, revelados por la fotoelasticidad, tienen una simetría circular cuyo centro parece estar cerca del punto donde se cortan las dos trayectorias de las hormigas.

La historia del conocimiento científico es más la historia de las buenas preguntas que la de las buenas respuestas. El misterio de *JC,* guardado durante 25 millones de años, está servido. Es posible que sus días estén contados.

Segunda parte: la solución

Ante nosotros, una investigación científica. Se trata de buscar la verdad, lo que en ciencia significa buscar la *mejor verdad posible*. Aquí eso significa lograr la reconstrucción más verosímil de los hechos que, además, sea compatible con toda la información disponible. Vamos a intentarlo en once pasos.

Primero: La cara A de la pieza estaba debajo y la cara B miraba hacia el cielo.

Hay en la pieza tres paquetes de huevos que cayeron (¡cayeron!) de las mandíbulas de sus porteadoras. Nótese que las dos obreras, que claramente portaban sendos paquetes de huevos (posiciones [11,k] y [25,l] de la figura 5), están en dos puntos distantes de la pieza, pero en la misma postura. Además ¡son las únicas con la cabeza paralela al suelo con la parte inferior de la misma hacia la cara A! Ello se debe a que no es lo mismo llevar un cuerpo relativamente rígido y compacto como una larva o una pupa que llevar un viscoso y blando paquete de huevos. Las responsables de los huevos debían de ir con más cuidado y más pegadas al terreno. Hace 30 millones de años la fuerza de la gravedad tenía, claro, la misma dirección y sentido que hoy. Por lo tanto, está claro que la cara A estaba debajo y que la cara B miraba hacia el cielo. Ya tenemos un dato definitivo sobre la ubicación del escenario. Pero de las posiciones de los huevos aún se pueden deducir más cosas, una de ellas esencial para que este mismo ejercicio tenga sentido...

Segundo: *El registro fósil sí contiene información sobre el comportamiento de los individuos incluidos (primer argumento a favor).*

En los dos casos mencionados, los huevos están aún agrupados y cerca de la obrera que los transportaba. Esto significa que cayeron de escasa altura (probablemente de las mandíbulas del adulto) y que no debió haber un arrastre importante por parte de la resina. Ésta es la primera constatación de un detalle importante: si no hubo arrastre, la escena corresponde a lo que estaba haciendo la colonia justo antes de la inclusión. Es decir, en principio la pieza debería contener información sobre el comportamiento de las hormigas oligocénicas. ¿Hasta qué punto es sólida esta importante hipótesis?

Tercero: *Los insectos están orientados y sus antenas no (segundo argumento a favor de la relevancia etológica de la pieza).*

De la estadística se infiere que hay dos direcciones perpendiculares claramente privilegiadas. Además, obsérvese en la figura 7 que tal cosa no ocurre en absoluto con las antenas de las hormigas adultas (que aparecen distribuidas uniforme e isótropamente). Si se piensa que las antenas tienen una gran movilidad en todas direcciones y muy poca masa muscular con la que resistirse a esfuerzos exteriores, entonces hay que concluir que en este caso *los individuos no fue-*

ron arrastrados por un río de resina (como ocurre en la figura 8) y que la gota que cubrió la escena cayó verticalmente *fotografiándola* para millones de años. En definitiva, se trata de un argumento más para asegurar que las dos direcciones no son el producto de un artefacto de corrientes de resina, sino que contienen algún significado en relación a lo que estaban haciendo las hormigas. Nada de lo que nos proponemos tiene sentido sin esta afirmación, así que cualquier argumento a su favor será bien recibido. Y, en efecto, aún hay más.

Cuarto: *La escena fue atrapada por una gota que cayó verticalmente sin arrastrar a los insectos (tercer argumento a favor de la relevancia etológica de la pieza).*

El aspecto del diagrama de esfuerzos internos visualizados con luces polarográficas perpendiculares tiene simetría radial de radio R con centro en el centro de la pieza (figura 3). Esto hace pensar en la propagación isótropa de una gota caída del cielo (verticalmente) y no en el deslizamiento de una capa que arrastra y reorienta lo que puede a su paso. En este caso, está trivialmente justificado que el centro de esfuerzos aparezca cerca del centro de la pieza. No hay duda de la caída vertical de las gotas de resina, y ello es coherente con el hecho de que hubo poco arrastre y de que, una vez más, la pieza conserve memoria de los acontecimientos ocurridos inmediatamente antes del impacto que atrapó la colonia.

Sin embargo, si uno mira atentamente el diagrama de esfuerzos, resulta que la estructura que ha quedado fijada es también compatible con la participación de dos fuentes de gotas y no de una sola o, más curioso aún, de una fuente de gotas que llegaron a ocupar dos posiciones distintas respecto del escenario que nos preocupa. En efecto, en la figura 6 se muestra cómo el diagrama de esfuerzos se puede considerar tanto como producto de la propagación de una circunferencia centrada en O, el centro de la pieza, como compuesto por la propagación de dos circunferencias distintas centradas

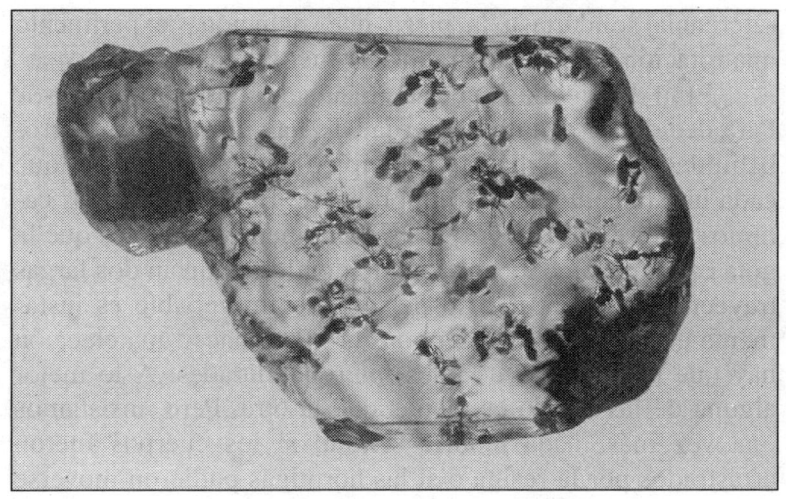

Figura 3. La pieza *JC* entre dos filtros perpendiculares de luz polarizada mostrando las isolíneas de las tensiones internas.

en dos puntos distintos O' y O". La información disponible no permite decantar, por razones estrictamente gráficas, cuál de las dos versiones es mejor, una única circunferencia y una sola gota, o serie de gotas, cayendo desde algún punto de la vertical de O, o dos circunferencias correspondientes a dos gotas (dos series) desde las verticales de O' y O". En principio ambas alternativas son muy parecidas y no cambian mucho las cosas. Sin embargo, la opción llamada «de las dos gotas» tiene una interpretación que sí puede cambiar las cosas, ya que podría proveer una explicación, un tanto forzada quizá, de la existencia de las dos intrigantes direcciones perpendiculares seguidas por las hormigas. En efecto, basta pensar que las dos gotas, o series de gotas, podrían proceder de la misma fuente, por ejemplo de la punta de una misma rama, es decir, desde un solo punto (si éste es visto desde una referencia solidaria al paisaje), pero un punto que bien podrían ser dos distintos si son vistos en dos instantes distintos desde una referencia solidaria a la pieza que, atención, ¡experimentó una rotación de noventa grados! Primer dilema.

¿Eran dos caminos que se cruzaban o uno solo que giró? Para decidir entre ambas alternativas hay que estimar la probabilidad de cada una. En principio, hay que reconocer que cada una tiene un aspecto improbable. En el caso de los caminos que se cruzan, lo que es difícilmente creíble es que la gota caiga justamente en el punto donde se cruzan dos largas trayectorias. Y en el caso del giro lo improbable es justamente el giro, un giro tan oportuno. Para hacer una elección hay que profundizar en tales improbabilidades. A lo mejor alguna de las dos lo es menos que la otra. Pero, insistamos una vez más, nada tendría sentido si los cuerpos fueron arrastrados por la resina o si las hormigas pudieron moverse después de la inclusión. Sin embargo...

Quinto: *Las hormigas ya no se movieron después de la inclusión (cuarto argumento a favor de la relevancia etológica de la pieza).*

Fijemos ahora nuestra atención en los esfuerzos internos locales de la figura 4, esto es, en la tensión del material inmediato a los cuerpos y las extremidades de las hormigas adultas: no se aprecian tales tensiones, lo que parece indicar que las hormigas no se movieron después de la inclusión como suele ocurrir con insectos más grandes o más fuertes. Este detalle (junto con el hecho de que los inmaduros no tienen movimiento autónomo) refuerza aún un poco más la idea de la relevancia etológica de la escena. ¿Qué estaban haciendo las hormigas? Y antes que eso..., ¿qué tienen todas las hormigas en común?

Sexto: *Las 82 hormigas son de la misma especie y pertenecen a una misma colonia.*

Se parecen mucho y están en la misma capa. En efecto, basta un vistazo a los detalles anatómicos de los individuos

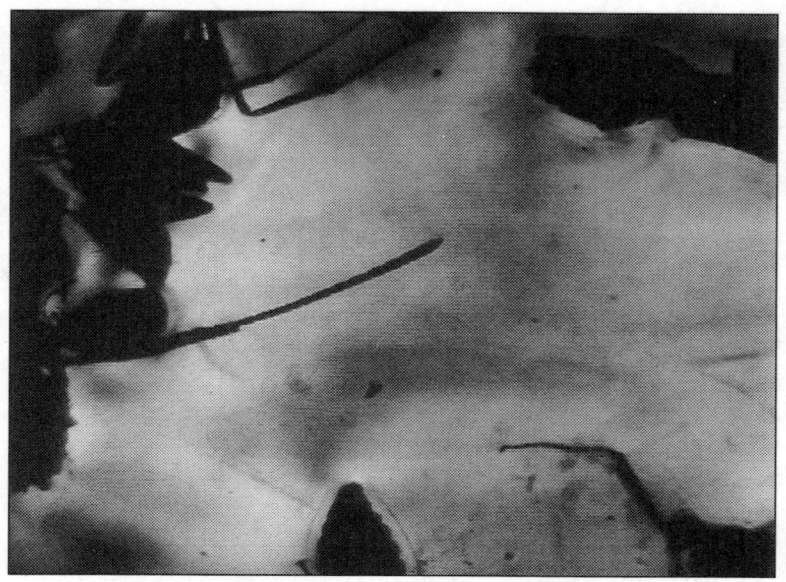

Figura 4. Detalle de una inclusión de la pieza *JC* iluminado con luz polarizada.

para concluir que todos ellos pertenecen a la misma especie. Pero no sólo eso. A simple vista se observa ya que los 82 individuos de la misma especie están incluidos en la misma capa. Por lo tanto, todos ellos pertenecen al mismo episodio, al mismo instante histórico, es decir, representan *sucesos simultáneos*. Lo más probable, por lo tanto, es que, además de la misma especie, los individuos pertenezcan también a la misma colonia. La escena está compuesta de sucesos simultáneos de una misma colonia. Los insectos incluidos en capas más cercanas a la cara A son anteriores, más antiguos (¿días, semanas, meses?); los de capas superiores, más recientes.

Séptimo: *El goteo de la resina fue a intervalos regulares.*

La iluminación de una pieza con luz monocromática (figura 2) ayuda a visualizar la estructura de capas sucesivas.

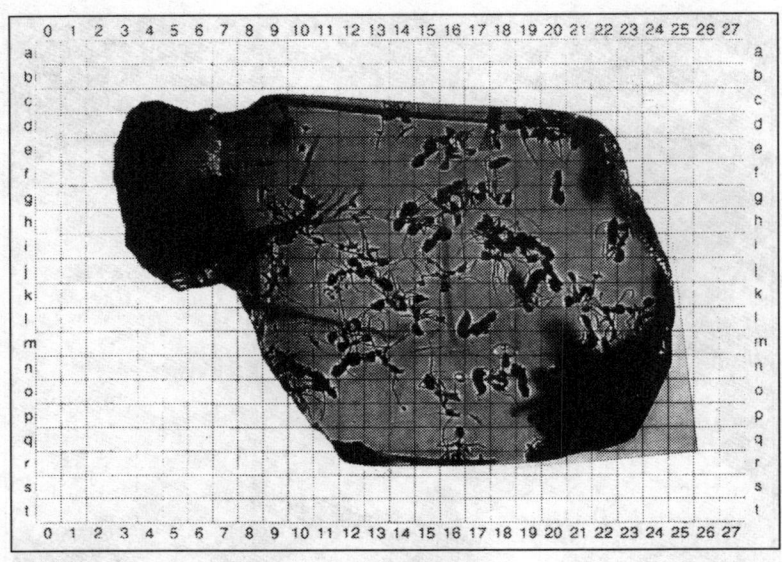

Figura 5. Dibujo de Carlos Puche mostrando todos los detalles de las inclusiones.

Conociendo como conocemos que la gravedad va dirigida de la cara A a la cara B, entonces cada capa se interpreta como la extensión de una gota de resina, ordenada históricamente en el tiempo de A a B. En la ilustración 9 se ha recreado el proceso. Todas las capas son relativamente equidistantes excepto la que contiene la colonia, que es la única que tiene un espesor unas dos veces mayor que las restantes. Quizás ello se explique por una fortuita acumulación de más de una gota, antes de que éstas se desprendieran, juntas, de una ramita. Si, como hemos deducido antes, las gotas cayeron verticalmente, la deducción parece clara. *El goteo de la resina en el punto que nos interesa fue rítmico de periodo constante.* Es un efecto parecido al goteo de una ramita o de un grifo mal cerrado.

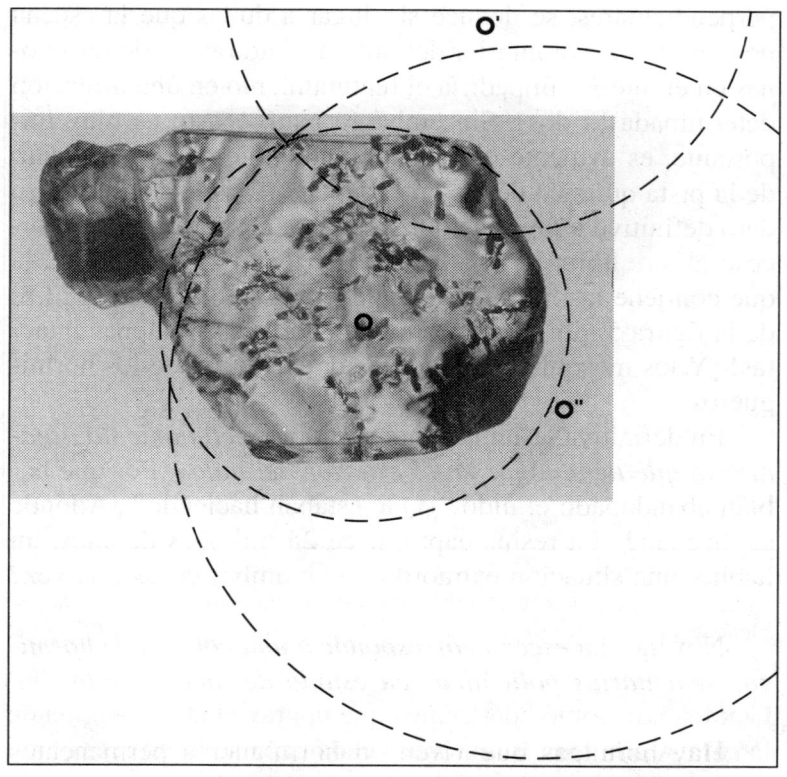

Figura 6. La gota cayó perpendicularmente, pero según las isolíneas de las tensiones internas, tanto pudo ser en el centro O como bien en dos fases, una en O' y otra en O'' con un giro de 90 grados entre ambas.

Octavo*: Las hormigas estaban ocupadas en un transporte de emergencia, pero se trata de una retirada organizada y que tiene lugar en el exterior del nido.*

La correspondencia entre inmaduros y adultos indica que *todos los adultos estaban ocupados en algún transporte.* ¿En el interior o en el exterior del nido? De la ausencia de impurezas y de detritus en la pieza y de la constatación de la existencia de dos direcciones fundamentales según dos pistas perpendiculares, se deduce sin lugar a dudas que la escena no corresponde al interior del nido. La saturación de feromonas en el interior impediría el reclutamiento en una dirección determinada (o dos). Sin embargo aquí, y esto es muy importante, es evidente que existe reclutamiento (seguimiento de la pista química de las precedentes). Existe, además, otro dato definitivo a favor de que la escena corresponde a un suceso al aire libre: en una capa posterior (más moderna) a la que contiene las hormigas se puede ver, en la posición [7,k] de la figura 5, ¡un mosquito intacto con alas y antenas intactas! ¡Y los mosquitos no vuelan por el interior de los hormigueros!

En definitiva: estamos ante un doble *reclutamiento organizado que tiene lugar en el exterior del nido*. ¿Por qué habían abandonado el nido? ¿Qué estaban haciendo? ¿Adónde se dirigían? ¿La resina captó, hace 25 millones de años, un hábito, una situación extraordinaria o ambas cosas a la vez?

Noveno: *La escena corresponde a una colonia de hormigas sedentarias policálicas en estado de fuerte excitación.*

Hay hormigas que viven en hormigueros permanentes (sedentarias), hormigas que viven en hormigueros temporales (migratorias) y hormigas que no llegan a construir nunca verdaderos nidos (hormigas nómadas). Podemos afirmar con absoluta seguridad que las hormigas de esta pieza *no son nómadas*. En efecto, las hormigas nómadas sincronizan los desplazamientos con las fases de desarrollo de los individuos inmaduros. Se las puede sorprender trasladando huevos y pupas, o bien transportando larvas, pero nunca, como ocurre en este caso, transportando huevos, larvas y pupas al mismo tiempo.

Por otra parte, *es altamente improbable que sean hormigas migratorias*. Se trata de un comportamiento raro y, lo que es más importante, nunca se ha descrito para hormigas actuales de esta subfamilia.

Figura 7. Las direcciones de las antenas de las hormigas en la pieza *JC* están distribuidas isotrópicamente. No hubo arrastre.

Figura 8. Las antenas de los insectos de esta otra pieza tienen todas las antenas dirigidas, rigurosamente, en la misma dirección. Hubo arrastre.

Nos quedan las sedentarias. Y sedentarias existen de dos clases: monocálicas (de nido único) y policálicas (que ocupan varios nidos). Lo segundo ocurre, por ejemplo, cuando las hormigas son malas excavadoras y constructoras y lo que hacen es aprovechar oquedades y grietas para instalarse dentro. Como las necesidades de la colonia suelen exceder la capacidad de un único abrigo, lo que hacen es ocupar varios (en general cuatro o cinco próximos entre sí). Esto significa que acondicionar los inmaduros a los cambios de temperatura y humedad, el diario trasiego de inmaduros que las unicálicas realizan sin salir del nido, es aquí una operación por el espacio exterior común a los varios subnidos. Y atención, porque la subfamilia de estas hormigas es pródiga en policalismo. Más que eso, lo que es difícil es encontrar hormigas parecidas a ésta fosilizadas en ámbar sin la compañía de individuos inmaduros. Si fueran sedentarias unicálicas no ocurriría tal cosa. Resumiendo, es más que probable que nuestra hormiga sea un caso de *hormiga sedentaria policálica*. Esto hace que el cruce de dos trayectorias ¡justamente en el centro de la piedra! no sea nada tan singular. En efecto, en el pequeño espacio *compartido*, por ejemplo, por cinco entradas habría en principio diez dobles columnas de hormigas circulando según un tráfico entrecruzado de trayectorias. Tal cosa representa una probabilidad razonable de puntos en los que se cruzan dos pistas. Uno de tales encuentros bien pudo producirse sobre una capa de resina semiseca antes de que *lloviera* una segunda gota. ¿Fue realmente así? ¿No había habido una conmoción previa en la colonia? ¿Fueron apresadas en su diario y doméstico trajín? Hay, además, otra conclusión trascendente respecto de estos transportes entrecruzados. Las hormigas transportan inmaduros y eso significa algo que nunca ocurre en el interior de los nidos y algo que no tiene por qué ocurrir necesariamente en el trajín de la vecindad policálica: las columnas de marcha se forman por *reclutamiento,* es decir, las porteadoras están siguiendo la pista de un líder. Pero que haya orden no quiere decir que no haya nervios. Se observan, en efecto, dos clases diferentes de estrés.

Décimo: *Las hormigas estaban estresadas en el momento de la inclusión (como es natural), pero también lo estaban antes de salir del nido (lo cual ya no lo es tanto).*

De los individuos en las posiciones 16,c y 26,h de la figura 5 resulta evidente que los miembros de la colonia en escena estaban sometidos a un fuerte estrés. En ambos casos las obreras aprietan tan fuerte a los inmaduros que están transportando que los llegan a herir. El suelo semimovedizo y oloroso que están pisando, o la propia resina que las atrapa, son razones suficientes para ello. En otras palabras, los gestos de estrés, como morder demasiado fuerte al inmaduro o la posición agresiva, con el gáster levantado, de ciertos individuos, pueden ser gestos últimos, incluso póstumos, de desesperación. Eso es más que comprensible. Pero, por otro lado, se observan otros individuos que agarraban a los inmaduros indistintamente por la cabeza o por la cola, y ello es prueba de la existencia de un estrés no tan reciente. Se diría que se trata de *una urgencia experimentada en el momento de agarrar a los inmaduros en el nido.* El estrés del momento de la inclusión es muy habitual en los insectos atrapados en ámbar, pero el estrés histórico, aunque sea de la historia inmediata, es un dato singular de esta pieza. ¿Por qué estrés histórico? ¿Se puede aventurar algo de lo que había alarmado a las hormigas antes del desenlace final? ¿Se puede decir algo del mismo desenlace?

Undécimo... *¡y llovía resina por todas partes!*

La escena del drama corresponde, pues, a la suma de una escena de rutina (desplazamientos policálicos cruzados) más cierta alarma inicial, que ya había sonado probablemente en el interior del nido. ¿Qué cosa alarmó a la colonia? Pueden imaginarse centenares de causas distintas: terremotos, tormentas, inundaciones de agua, una secreción extraordinaria de resina, un incendio, la caída de un meteorito, el ataque de otros animales, etc. Inútil especular si no quedan indicios para ello. Bueno, en realidad hay un indicio que favorece ligeramente una causa por encima de las restantes: ¡*el propio ámbar!* Si goteaba resina sobre, como mínimo, un punto, no es demasiado aventurado pensar que ese punto no era el único. Por el contexto, sabemos que las hormigas de este género, *Technomyrmex*, hacen sus nidos en el suelo de los bosques, entre hojas, ramas, raíces y troncos. Lo más probable es imaginar entonces un *paisaje en un momento en el que chorreaba resina por todas partes, incluso seguramente en el interior de alguno de los subnidos de la colonia policálica*.

Lo tenemos casi todo. Ha llegado la hora de integrar todas nuestras conclusiones en una historia creíble, la más creíble. Como hemos dicho al principio, se trata de construir la verdad más probable con la información expresada en los once puntos precedentes.

La reconstrucción de los hechos

Estamos ante un hormiguero de la selva tropical de hace entre 25 y 30 millones de años. Su inquilina es una hormiga policálica de la subfamilia *Dolichoderinae* (hoy sabemos además que del género *Technomyrmex* y de una especie nueva llamada *caritatis*). El policalismo significa que el hormiguero consta de varias cavidades naturales aprovechadas por los insectos para instalar en ellas la colonia. Sus entradas están próximas entre sí. Empieza a hacer calor y las obreras transportan, constante y ordenadamente, a los miembros inmaduros (huevos, larvas y pupas) buscando siempre las mejores condiciones de humedad y temperatura. El espa-

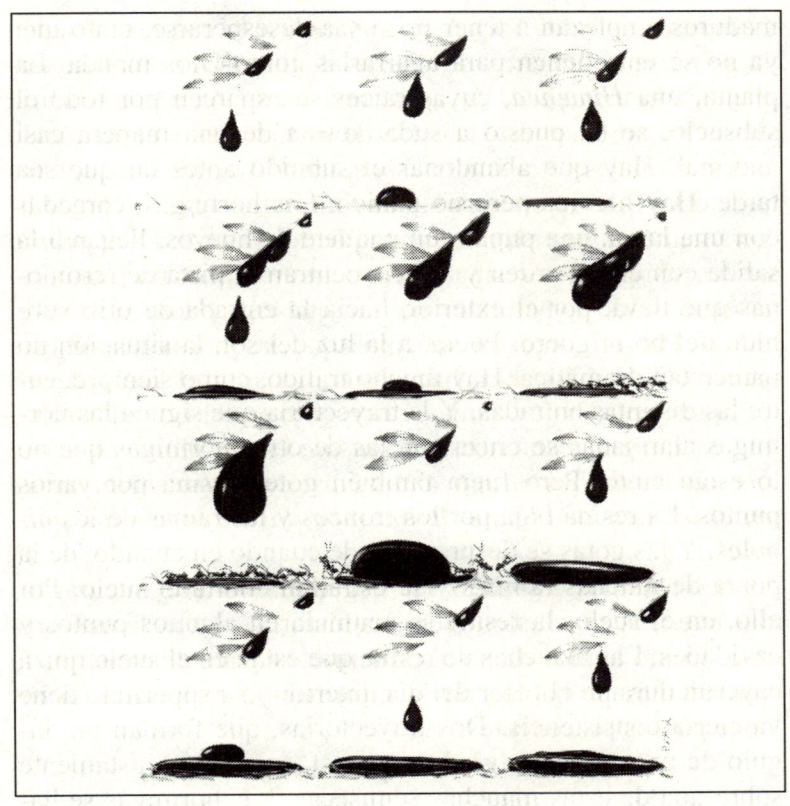

Figura 9. Perfil de la historia de la inclusión (dibujo Carlos Puche).

cio exterior común a las entradas de los subnidos aparece por ello siempre muy transitado (igual, en realidad, que el espacio interior que conecta las diferentes cámaras de los hormigueros ordinarios). La oscuridad es total en un rincón donde maduran los inmaduros, pero los adultos se están inquietando por momentos. Su percepción, fundamentalmente táctil y química, se está llenando de datos alarmantes. La temperatura aumenta, pero eso no es lo malo. Algo muy pringoso y con un fuerte olor empieza a estar demasiado presente..., por todas partes. La hormigas que recogen a los inmaduros empiezan a tener prisa y a desesperarse, tanto que ya no se entretienen para agarrarlas como Dios manda. La planta, una *Himenea*, cuyas raíces se esparcen por todo el subsuelo, se ha puesto a sudar resina de una manera casi anormal. Hay que abandonar el subnido antes de que sea tarde. Hay nervios pero no pánico. Las hormigas, cargadas con una larva, una pupa o un paquete de huevos, llegan a la salida con cierto orden y allí encuentran la pista de feromonas que lleva, por el exterior, hacia la entrada de otro subnido del hormiguero. Fuera, a la luz del sol, la situación no parece tan dramática. Hay mucho tráfico, como siempre, entre las distintas entradas. Y la trayectoria que siguen las hormigas alarmadas se cruza con las de otras hormigas que no lo están tanto. Pero fuera también gotea resina por varios puntos. La resina baja por los troncos y las ramas de los árboles. Y las gotas se desprenden, de cuando en cuando, de la punta de muchas ramitas y se estrellan contra el suelo. Por ello, en el suelo, la resina se acumula en algunos puntos y cavidades. Las manchas de resina que están en el suelo quizá cayeron durante el calor del día anterior y su superficie tiene ya cierta consistencia. Dos trayectorias, que forman un ángulo de unos noventa grados entre sí, se cruzan, justamente sobre una de estas manchas semisecas. Las hormigas se hacen un pequeño lío cuando se cruzan con otras que circulan en la otra dirección, pero no tienen demasiado problema en recuperar la pista de feromonas original a pesar de todo. Siempre es así en, digamos, «la plaza del pueblo». Sin embargo, hoy hay una circunstancia añadida. El cruce tiene lugar sobre resina semiseca y algunas se ponen nerviosísimas. Las patas se hunden un poco en el suelo..., otra vez ese maldito olor. Las que llevan huevos caminan más despacio, más pegadas al suelo, haciendo equilibrios con una masa poco rígida y difícil de sostener. Las que llevan pupas y larvas aumentan la presión de sus mandíbulas cuando el suelo se les licúa bajo sus pasos y cuando el olor de la resina se confunde con el de las feromonas. Algunas llegan a perder la

Figura 10. Reconstrucción de los instantes anteriores a la inclusión (dibujo Carlos Puche).

carga y, en su desesperación, se quedan pegadas ellas también. Así estaban las cosas cuando terminó todo. Porque, de repente, cayó una gran gota de resina fresca sobre las que ya se habían aplanado y secado un poco desde el día anterior. Era el primer gotón caído a la hora del calor de un nuevo día. Las hormigas que transportaban a sus inmaduros quedaron atrapadas «con las botas puestas». Luego aún caerían algunas gotas más. Y luego aún tendría que pasar mucho tiempo para que volviera a hacer tanto calor y volviera a llover tanta resina. Luego, ya lo sabemos, llegaron a pasar veinticinco millones de años más.

La figura 10 ilustra una escena que bien podría corresponder a esta historia. Hay un detalle que sólo había sido descrito antes una vez y que es muy difícil de provocar en el laboratorio. Es eso que hemos llamado una retirada organizada, el reclutamiento en condiciones de emergencia. Aquí tenemos la prueba, una prueba de 25 millones de años de antigüedad.

No está descartado que esta historia se pueda perfeccionar y completar en el futuro. Una nueva técnica, una nueva idea, una nueva observación, un nuevo dato o una nueva deducción puede hacer que la verdad que hemos construido deje de serlo. Es decir, la llamada verdad vigente puede ser matizada o corregida. Ésa es la grandeza insuperable del objeto real. El objeto real es el único que contiene toda la información disponible, no tiene ideologías ni prejuicios, siempre se puede volver a él, cualquiera puede volver a él, y siempre es él el que dice la última palabra, el que marca la hora de la verdad en ciencia. Pocas piezas de ámbar con inclusiones se han estudiado más que la «Jorge Caridad», pero la pieza seguirá en el Museu de la Ciència de la Fundació «la Caixa» de Barcelona dispuesta para futuros estudios. Ése es, creo, uno de los sentidos más bellos de la expresión «pieza de museo» y uno de los objetivos más nobles y modernos de la idea de Museo.

Apéndice

Lista ponderada de conceptos para la imaginación impura

Los números remiten a los capítulos donde se tratan los conceptos. La cifra entre paréntesis es el total de apariciones. *(N. del E.)*

1. adaptación *(3)*, 10, 43
2. animal *(29)*, 10, 11, 18, 21, 27, 27, 33, 35, 36, 42, 43, 48, 52, 52
3. arbitrario *(3)*, 5, 15
4. arte *(82)*, 7, 13, 14, 16, 18, 20, 21, 24, 31, 32, 38, 39, 41, 43
5. aprender *(25)*, 8, 16, 18, 19, 33, 39, 45, 49
6. azar *(15)*, 2, 5, 10, 11, 16, 22, 43, 49, 53
7. cambio *(78)*, 4, 7, 10, 13, 15, 18, 27, 28, 30, 31, 38, 44, 48
8. caos *(7)*, 4, 18
9. ciencia *(633)*, 1-53
10. civilización *(23)*, 3, 10, 24, 31, 41, 52
11. coherencia *(11)*, 15, 18, 21, 22, 43, 53
12. colectivo *(11)*, 8, 13, 14, 21, 24, 43
13. complejidad *(83)*, 3, 4, 13, 14, 15, 16, 20, 21, 23, 24, 26, 27, 29, 34, 46, 51
14. comprensión *(98)*, 3, 9, 13, 15, 16, 18, 21, 26, 43, 46
15. conocer *(441)*, 1-53
16. contradicción *(14)*, 1, 10, 14, 15, 18, 21, 22, 38
17. convergencia *(11)*, 11, 18, 35, 42
18. convivencia *(20)*, 10, 13, 14, 15, 21, 26, 39, 51
19. creencia *(21)*, 2, 3, 10, 13, 14, 15, 16, 18, 26, 42, 50
20. crítica *(9)*, 46, 47, 50
21. cultura *(69)*, 4, 8, 10, 13, 14, 15, 18, 21, 24, 26, 32, 34, 41, 45, 48
22. democracia *(11)*, 13, 14, 15, 39
23. dialéctica *(23)*, 1, 10, 13, 14, 15, 16, 18, 21, 50
24. dificultad *(11)*, 10, 16, 21, 27
25. divino *(72)*, 13, 14, 15, 16, 21, 47, 49
26. emoción *(48)*, 4, 10, 11, 16, 18, 20, 21, 28, 38, 39, 40, 41, 43, 49

279

27. energía *(26)*, 3, 4, 9, 12, 23, 28, 39
28. entorno *(27)*, 4, 15, 18, 23, 24, 27, 28, 40, 49, 52
29. entropía *(5)*, 22
30. equilibrio *(6)*, 4, 40
31. espacio *(33)*, 10, 14, 15, 16, 18, 23
32. especialización *(27)*, 8, 9, 14, 19, 25, 27, 29, 31, 32, 35, 38, 39, 43, 45, 53
33. estabilidad *(7)*, 4, 22, 26, 30
34. estética *(6)*, 18, 43
35. estímulo *(63)*, 1, 9, 14, 16, 18, 21, 39, 43, 51
36. estructura *(16)*, 18, 21, 30, 31
37. ética *(12)*, 2, 9, 10, 13, 18
38. evolución *(40)*, 8, 14, 19, 21, 27, 32, 33, 39, 43, 45, 53
39. experiencia *(100)*, 1, 2, 6, 9, 10, 13, 14, 15, 16, 18, 21, 42, 43
40. falso *(27)*, 2, 9, 15, 16, 22, 47
41. fluctuación *(4)*, 4, 27, 40, 41, 42, 53
42. forma *(135)*, 8, 9, 10, 16, 17, 18, 21, 22, 29, 33
43. fractal *(7)*, 18, 22
44. función *(15)*, 8, 10, 14, 39
45. genética *(24)*, 8, 9, 10, 11, 21, 24, 25, 29, 30, 34
46. hilo (conductor) *(0)*
47. hipótesis *(25)*, 9, 14, 16, 18, 21, 22, 47, 53
48. humanidad *(116)*, 8, 9, 10, 12, 13, 14, 15, 16, 18, 19, 21, 24, 25, 27, 34, 38, 39, 42, 51
49. humor *(21)*, 11, 18, 46, 47, 48
50. idea *(99)*, 1, 2, 6, 9, 10, 12, 13, 16, 18, 19, 21, 26, 27, 31, 33, 34, 43, 45, 46, 50, 53
51. identidad *(11)*, 8, 19, 25, 30, 34
52. imaginación *(39)*, 2, 15, 17, 22, 28
53. individuo *(69)*, 14, 21, 23, 24, 25, 26, 27, 29, 30, 33, 53
54. inestable *(7)*, 4, 30
55. infamia *(5)*, 8, 13, 39
56. infinito *(18)*, 1, 3, 14, 15, 16, 17, 22, 26, 28, 29
57. información *(37)*, 3, 6, 16, 23, 24, 27, 28, 30, 34, 40, 43, 51, 53
58. inteligente *(29)*, 2, 8, 10, 15, 21, 23, 24, 33, 41, 45, 47
59. inteligibilidad *(81)*, 1, 3, 13, 14, 15, 16, 18, 20, 21, 26, 40, 42, 45, 46, 50
60. interacción *(57)*, 10, 15, 16, 18, 21, 26
61. intuición *(12)*, 1, 13, 16, 21, 24, 44, 46

62. investigación *(31)*, 3, 9, 13, 15, 16, 17, 18, 21, 22, 26, 27, 43, 45, 46, 47, 53
63. ley *(72)*, 2, 3, 4, 11, 13, 16, 18, 22, 24, 26, 27, 28, 38, 43, 45, 46
64. materia *(130)*, 3, 6, 10, 14, 16, 17, 21, 23, 24, 26, 28, 30, 34, 39, 41, 43, 52
65. místico *(6)*, 9, 21, 32, 47, 50
66. método *(234)*, 1, 10, 13, 14, 15, 16, 18, 20, 21, 39, 49, 53
67. modelo *(19)*, 2, 18, 19, 20, 26
68. muerte *(15)*, 8, 10, 12, 21, 40, 41, 43, 48
69. naturaleza *(78)*, 1, 2, 3, 4, 8, 14, 16, 18, 20, 21, 27, 28, 34, 37, 38, 43, 45, 47, 51, 52
70. objeto *(91)*, 1, 2, 8, 9, 10, 13, 14, 15, 16, 17, 18, 19, 20, 21, 22, 27, 32, 34, 36, 37, 43, 45, 53
71. objetividad *(12)*, 1, 13, 14, 16, 18, 21, 51
72. oculto *(6)*, 13, 15, 16, 42
73. partícula *(14)*, 4, 6, 18, 23, 24, 25, 30, 40, 43
74. pedagogía *(13)*, 21, 39
75. política *(10)*, 1, 9, 12, 13, 14, 15, 27, 28
76. predicción *(16)*, 4, 16, 18, 21, 22, 27, 45
77. principios *(119)*, 1, 9, 10, 13, 14, 15, 16, 18, 20, 21, 22, 47
78. probabilidad *(46)*, 18, 20, 22, 28, 40, 41, 47, 53
79. progreso *(40)*, 9, 12, 16, 17, 23, 27, 39, 49
80. rastro *(10)*, 14, 18, 32, 33, 36, 37, 41, 43, 53
81. realidad *(64)*, 1, 4, 6, 9, 13, 14, 15, 16, 17, 18, 19, 21, 22, 24, 38, 47, 51
82. reducción *(11)*, 3, 4, 13, 16, 24, 46
83. religión *(21)*, 14, 15, 16, 42, 49
84. respuesta *(49)*, 10, 13, 18, 20, 21, 38, 50, 53
85. resto *(30)*, 6, 14, 18, 20, 21, 24, 27, 32, 33, 36, 37, 40, 43, 52, 53
86. revelación *(35)*, 7, 10, 13, 14, 15, 16, 17, 21, 24, 45, 47
87. selección *(29)*, 8, 14, 18, 21, 27, 39, 43, 45
88. simplicidad *(43)*, 4, 5, 15, 16, 18, 24, 34, 46
89. sistema *(19)*, 4, 13, 15, 21, 26, 27, 28, 47
90. sobrevivir *(8)*, 14, 19, 26, 27, 32, 47
91. suceso *(36)*, 2, 18, 22, 28, 31, 53
92. teoría *(75)*, 2, 3, 4, 10, 16, 18, 19, 21, 27, 28, 34, 40, 45, 49, 53
93. texto *(36)*, 8, 14, 15, 18, 21, 24, 25, 29, 43

94. tiempo *(120)*, 3, 10, 14, 18, 22, 23, 31, 37, 42, 44, 53
95. unidad *(9)*, 24, 26, 29, 43, 44
96. universo *(76)*, 2, 3, 4, 10, 14, 15, 16, 20, 23, 24, 25, 28, 30, 38, 40, 52
97. verdad *(76)*, 2, 7, 9, 13, 14, 15, 18, 19, 22, 32, 43, 46, 47, 53
98. verosimilitud *(7)*, 22, 26, 28, 43, 53
99. vida *(95)*, 3, 4, 9, 14, 24, 29, 31, 39, 43

Libros de Jorge Wagensberg en Tusquets Editores

METATEMAS
Ideas sobre la complejidad del mundo
El progreso
Ideas para la imaginación impura
Si la naturaleza es la respuesta,
¿cuál era la pregunta?
La rebelión de las formas

L'ULL DE VIDRE
Si la natura és la resposta,
¿quina era la pregunta?

FÁBULA
Ideas sobre la complejidad del mundo

Últimos títulos

72. Emoción y conocimiento
    La evolución del cerebro y la inteligencia
    Edición de Ignacio Morgado Bernal

73. La mano
    De cómo su uso configura el cerebro,
    el lenguaje y la cultura humana
    Frank R. Wilson

74. Peces luminosos
    Historias de amor y ciencia
    Lynn Margulis

75. Si la naturaleza es la respuesta, ¿cuál era la pregunta?
    y otros quinientos pensamientos sobre la incertidumbre
    Jorge Wagensberg

76. Investigaciones
    Stuart Kauffman

77. Fósiles, genes y teorías
    Diccionario heterodoxo de la evolución
    Jordi Agustí

78. Matemáticas y juegos de azar
    Jugar con la probabilidad
    John Haigh

79. Los viajes en el tiempo
    y el universo de Einstein
    J. Richard Gott

80. ¿Eureka?
    El trasfondo de un descubrimiento sobre el cáncer
    y la genética molecular
    David Casacuberta y Anna Estany

81. Fórmulas elegantes
    Grandes ecuaciones de la ciencia moderna
    Graham Farmelo

82. La estructura de la teoría de la evolución
    Stephen Jay Gould

83. Un matemático invierte en la Bolsa
    John Allen Paulos

84. La rebelión de las formas
    O cómo perseverar cuando la incertidumbre aprieta
    Jorge Wagensberg

85. La rodilla de Lucy
    Los primeros pasos hacia la humanidad
    Yves Coppens

86. El lado oscuro del hombre
    Los orígenes de la violencia masculina
    Michael P. Ghiglieri

87. La conjura de los machos
    Una visión evolutiva de la sexualidad humana
    Ambrosio García Leal

88. El filantrópico doctor Guillotin
    y otros ensayos sobre la ciencia y la vida
    Harold J. Morowitz

89. Nadie pierde
    La teoría de juegos y la lógica del destino humano
    Robert Wright

90. Mi visión del mundo
    Albert Einstein